湛庐文化
Cheers Publishing
a mindstyle business
与 思 想 有 关

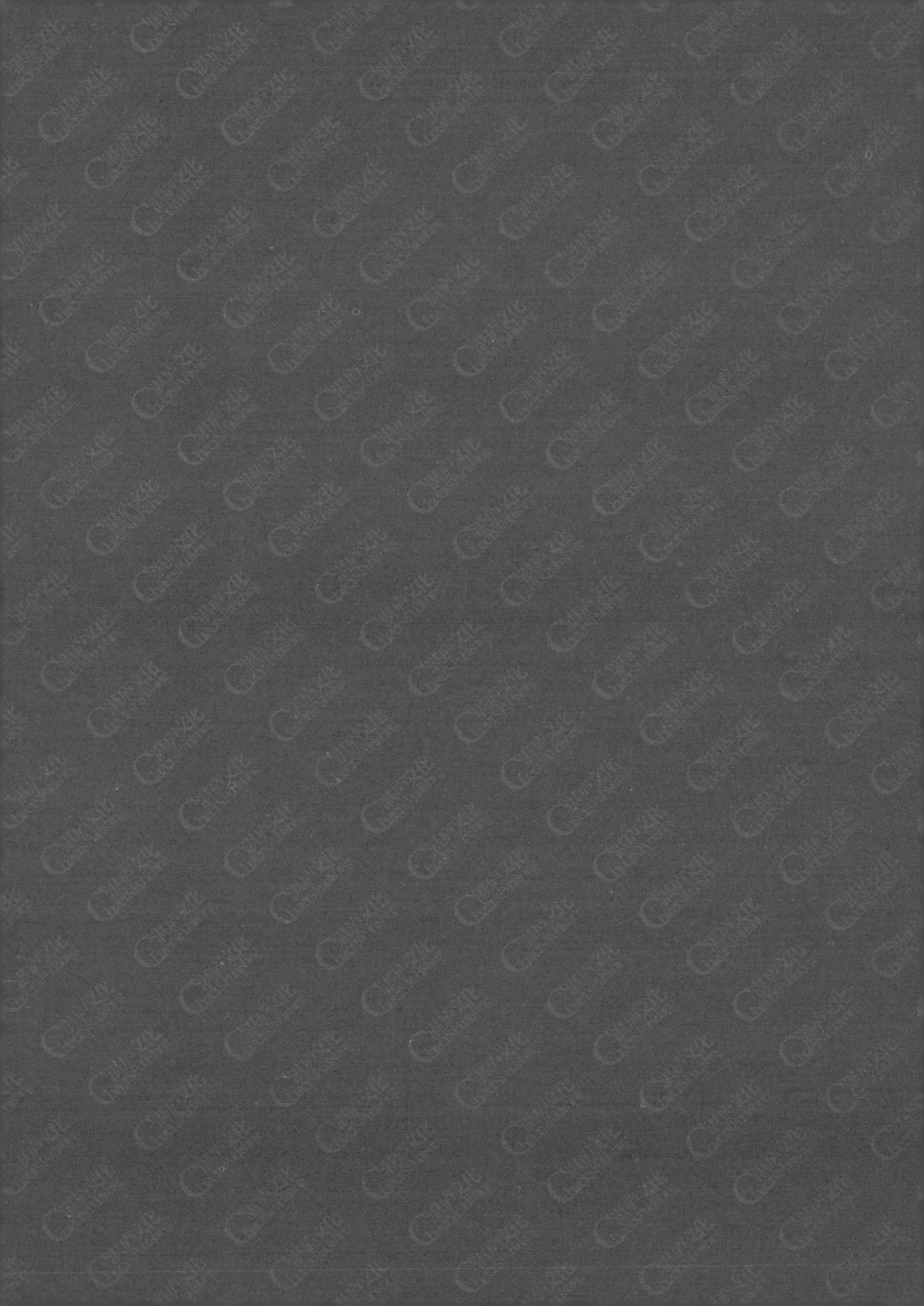

微力无边

2014 升级版

杜子建 著

中国人民大学出版社
·北京·

图书在版编目（CIP）数据

微力无边（2014 升级版）/杜子建著．—北京：中国人民大学出版社，2014.1
ISBN 978-7-300-18056-4

Ⅰ.①微… Ⅱ.①杜… Ⅲ.①网络营销-通俗读物 Ⅳ.①F713.36-49

中国版本图书馆 CIP 数据核字（2013）第 226905 号

上架指导：社会化营销/商业

本书法律顾问 北京诚英律师事务所 吴京菁律师
北京市证信律师事务所 李云翔律师

微力无边（2014 升级版）
杜子建 著
Weili Wubian（2014 Shengji Ban）

出版发行	中国人民大学出版社		
社　　址	北京中关村大街 31 号	**邮政编码**	100080
电　　话	010－62511242（总编室）		010－62511398（质管部）
	010－82501766（邮购部）		010－62514148（门市部）
	010－62515195（发行公司）		010－62515275（盗版举报）
网　　址	http://www.crup.com.cn		
	http://www.ttrnet.com(人大教研网)		
经　　销	新华书店		
印　　刷	北京中印联印务有限公司		
规　　格	170 mm×230 mm　16 开本	**版　　次**	2014 年 1 月第 1 版
印　　张	15.75　插页 1	**印　　次**	2014 年 3 月第 3 次印刷
字　　数	202 000	**定　　价**	45.00 元

2013 年 8 月 9 日，当我在微博上写出“微博可以用 3 到 9 个月的时间把变态的房价打下来”的时候，还有人依然不相信微博的威力，一如不相信我三年前的警示“微博可以斗兽”一样（这些事情正在发生）。

微博，不需要你说你懂不懂，只需要问坏人怕不怕就行了。

换句话说，微博，你懂不懂不重要，爱不爱才重要。

再换句话说，微博，你爱不爱不重要，怕不怕才重要。

当然，我只是个商人，我极少参与雷政富、杨达才、刘志军、刘铁男、纪英男之类的事情。因为生在中国，我必须是个合格的商人，关注社会，热爱生活，报效祖国，并希望通过我对微博的观察研究，让更多的中国网民富裕起来，尤其是要让数以亿计的屌丝们富裕起来。

但是，不管我关不关注，有些事情，已经被微博写进历史。

即使这历史，或许无字。

微博玩的是消息，微信玩的是关系

前几天，有个叫大滨的网友问我：老杜啊，为什么微博上都是苦大仇深，微信上都是灯红酒绿呢？

我觉得这是一个很深刻的话题，同样是新媒体，同样是社会化媒体，同样是同质化极其明显的互联网网民（这两个平台的网民甚至是兼顾、重合的），为什么他们表现出来的精神面貌迥然异途呢?

大滨的这个问题提出以后，我思考了大概足有一个小时，然后我贸然回答:

“大概是因为，微博玩的是公共关怀，微信玩的是自我关怀吧；在多对多传播特色的微博上，我们更多地是在发掘着别人的孤独；在一对多传播特色的微信上，我们更多地是在发掘着自己的孤独。”

其实从人文角度考虑，这两个产品还有更多需要思考的地方。

就如我自己，既有微博，也有微信。但是我在微博上写的东西极少同步发送到微信上面去，而我在微信上写的东西，也极少发到微博上来。

然后，我又继续回答了大滨:

“——因为，微博是雄性特色的，是男权文化更浓的舞台，是展示阳刚的地方；而微信是雌性特色的，是女性文化更浓的舞台，是展示私密的地方。男性文化的特色是海阔天空（微博）；女性文化的特色是家长里短（微信）。”

其实，微博和微信最重大的差异只在于——**微博玩的是消息，微信玩的是关系。**

在“消息环境”里，我们可以毫无顾忌地面对各种可能的弱关系；但在“关系环境”里，我们必须更谨慎地对待各种强关系，这个强关系甚至包括自己的父母兄弟，他们会根据微信的信息来分析你所有的生活状态和心理状态；我们从另一个俗语中就可以看出我们在强关系下的心理情境——在家人面前，报喜不报忧。

你的黑夜将可能是别人的白天

2013 年 8 月 1 日，微博和微信同时做了一个大动作。微信发布了它必须发布的 5.0 版；而微博和阿里的打通也正在这一天迈出实质性的一步，新浪微博和阿里系打通是微博实现商业化的重要步伐，也是对中国未来商业生态造成深远影响的重要步伐。简单看起来，这是一次商业集群和信息集群的横向跨界与交合，但深究其中奥秘，就会引发大数据商务、语义商务、智能商务等方面的重要思考。

商业的未来必然是智能化的未来，因为科技的推动，人，会变得越来越懒惰：

当传统渠道因为房价和电商走向销售衰减，
当物流人员可以24小时实现上门送货，
当手机微博可以蹲在马桶上一键下单，
当键盘不再是农民兄弟的上网障碍，
当声控系统可以实现语音购买，
当密码支付可以实现人脸识别，
当智能手机可以认识我们（主人）……
我们唯一渴望的将会是：我真的TMD可以睡到自然醒么？

我想，这一天，会因为微博的推动而快速到来。我想，总有那么一天，基于智能手机的普及化，中心化生活将会被瓦解、组织化生活也将会被瓦解、节奏化生活也将被瓦解，我的意思是，到时候，当每个人都成为自己的中心时，虚拟环境将会帮助我们实现：

一批人随时去睡觉，另一批人随时会起床，黑夜将不是睡觉的开始，白天将不是工作的必须，24小时的互联网，将会提供你想干什么就干什么的多种可能性——你的黑夜将可能是别人的白天。

一切都有可能。我断言，未来世界里，**虚拟生活将会现实化，而现实生活将可能虚拟化。**

做“发生”的参与者与执行者

2013年，可以说是智能商务的启蒙年，微博购物正在发生、手机购物正在发生、智能购物正在发生、农村电商正在发生，而这些“发生”正在毫不留情地改变着我们的生活方式。活在今天的我们，不仅仅是这些“发生”的见证者，更重要的是，我们还是这些“发生”的参与者和执行者。下一步，我们所要考虑的唯一事情，就是警惕、深刻警惕，警惕明天又有什么将要发生？

我是一个习惯性生活在警惕中的人，也许是早年坐牢留下的习惯吧，我始终警惕这个社会已经发生和即将发生的各种事物——微信、二维码、3D 打印机、谷歌眼镜、微博、阿里浪、胶囊交通工具、十八大、北戴河、老革命，以及可以想见的三维码、4D 打印机、O2O、智能电视、三星手表、刘英男、纪铁军……

而关乎这些变化的各种警惕，一样样都深刻地记录在微博上。

我相信 100 年以后，当中国进入真正的社会主义高级阶段时，没有人会忽视在整个世界的文明生态、政治生态、商业生态、生活方式都发生剧变的 21 世纪初叶的这段“微博文明史”，以及由它引发的传播学上的“晕轮效应”对整个人类文明所产生的深远影响。是的，也许今天你还看不到它的伟大之处，但请相信，在 100 年以后的政治史、文化史、文学史、电影史上都必将出现如同整个世界去致敬意大利文艺复兴一样，向我们所见证的这个微小却又恢宏的时代致以敬意的伟大浪潮；即使因为微博特殊的结构胚胎（140 字）限制而无法诞生出但丁、彼特拉克、薄伽丘这样的文艺三杰，也再没人可能写出《神曲》、《歌集》、《十日谈》那样传颂千古的鸿篇巨制，但这丝毫无法掩盖那些闪闪发亮的微小的文字所释放出来的文明的光芒，它像刀一样犀利，也像玉一样温暖。

无畏的勇猛与生动的莽撞

当然，如同任何一个新生的牛犊一样，**4 岁的微博既有它无畏的勇猛，**

也有它生动的莽撞，它微力无边又横冲直撞；但无论它拥有怎样的“破坏力”，在推动整个社会文明进程、建构整体社会信用、提升全民法律意识的功德面前，都是瑕不掩瑜的。

微博，其实没有什么好批评的。如果说它对这个社会有所伤害，那也只存于两点之上，其一是谣言四起，其二是脏话不断。

微博四年，谣言出现了多少呢？官方的说法应该是数不胜数吧；但在这个数不胜数的数字背后又有多少谣言得以流行？政府有政府的法律，网友有网友的道义，在阻击谣言的泛滥上，网友们自己就毫不吝啬，在道义通明的社会，没有人自愿上当受骗，更没有人甘愿上当受骗，正如革命教科书上所说，网友们不会轻易冤枉一个好人，也同样不会放过一个坏蛋。网络，是正义的。

其次说到脏话，脏话分两种，一种是玩笑式的，一种是攻击式的；对于前一种，我持宽容态度，因为生活需要生动，而生动就必须要有玩笑的空间；但对于后一种，我首先自律，其次批评。自媒体的特殊之处就是“口语化表达”，在口语化表达的独特平台上，要想杜绝脏话几无可能，除非动员大家把所有习惯了说攻击性脏话的人“干掉”。

以上两点，微博自身的“自洁功能”总会在不长的时间内将其修正。毕竟，**微博是大道的舞台，是正能量的舞台，是道义和公正的舞台，极少数人的“非道义行为”在微博的大道中是走不远也行不久的。**因为微博是“众人的舞台”，有道是：路不平，众人踩。

回归小而美

微博需要审视，除了众所周知的七条底线之外，我们还应该审视微博的什么？

我想，总结来说无非两点：**其一，短链结构的人人传播；其二，转告**

效应下的小组织商务。

之前新浪微博的部分高层到我公司（华艺传媒）做客，我们聊起微博的核心及未来，我说，设计微博的产品经理，在研究和开发微博全新价值上，只需要关注最核心的两个字——**转发**，这是新浪微博的灵魂。无论是涉及社会民生还是撬动微博商旅，转发，都是不可忽视的重要功能。而且，就我个人观察，新浪微博目前的各种开发弊端就是“把小产品做大了，做复杂了”。其实这是个错误策略，三年前微博开始开发“微群”的时候，我就建议“不要去开发微群”，因为新浪微博本身就是全世界最大且最独特的“超级群”，在人类的大关怀上，小群的建立基本上是个落伍的产品。网友玩微博，更注重的是以个体力量向社会发声，而不希望做成“个人情感树洞”或者“小圈子产品”，这类树洞或小圈子产品已经盛行了很多年，而且已经拥有各种成熟的产品了。

微博应该回归小而美的正确轨道。我在本书的初版序言中就说了，“微博正因为它的小，而茂盛了它的大”。这好像是老庄的哲学问题，但从现实角度看，小，才是它轻装远行的根本，它会走得更快速、更长远，而且最得力的是，它随时可以掉头突围。

到此，有一个微博新产品我们必须引起高度重视——PAGE。

PAGE到底是什么？新浪微博官方给出的解释是：新浪微博在产品上对人、机构、物（比如地理位置、歌曲、电影、图书等）微博主页的一个统称。是微博通过统一框架拼装出一个架构化页面，以完成对个人、机构、物的信息和功能聚合，并以微博主页的形式提供给用户。它是微博中内容及关系沉淀传播的节点，是用户获取信息、接受服务的窗口。

而我个人对PAGE的解释：是手机版的“微博个性化主页”；不同类型的用户可以定制不同类型的主页（人的、机构的、物体的），以达到差异化和个性化的区分并实现自己的分享。

PAGE，在挖掘商业化潜力上无可估量，如果说微博信息流推广和淘

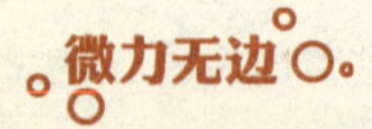

宝广告会严重影响到用户体验，那么 PAGE 页面可能是目前最合适的微博商业化布局。

毫无疑问，**内容（文、图、三维动画、视频）和关系（社交、弱关系、强关系）是微博存在的两大基石，**微博的价值在于为用户提供内容创造和内容消费，它需要谨慎思考的是，如何能沉淀更多的内容让用户消费，并且更精准更简单一些，而不是目前状态下的信息流逝和用户选择的无所适从感。

PAGE 商业化价值的潜力就在于：它可以直接在 PAGE 实现页面购买甚至是一键下单，购买如图书、影视作品、化妆品、服饰、餐饮等商品。

在 PAGE 环境上，最具想象空间的还有，与阿里合作后，淘宝资源一旦与微博实现全面对接，微博上的各种弱关系、小组织关系、信任代理、购买转告效应、商业驯养效应，以及商品收藏效应都将被全面激活。

打破空间与瓦解时间

写到这里，我不得不提请大家共同来思考一个问题——互联网到底在解决我们的什么问题？

有思考过么？

互联网，到底在解决我们人类的什么问题？

这个问题我思索良久，我个人的核心答案只有两个：

打破空间；

瓦解时间。

有一个很细微的现象不知道大家注意到没有——

当我们问起两地（A 点到 B 点）的距离时，我们的回答究竟是里程式的，还是时间化的？

比如说你问北京到天津的距离，是问“到天津有多远？”还是问“到天津要多久？”

问济南也一样：“请问北京到济南几小时？”

大体上，大家的提问已经在潜意识里面发生时空转换的重要变化了吧，但是，大家注意到这个变化背后的时代价值了吗？

或者，我们换个思维，颠倒一下——基于北京到济南的距离只有两个半小时，那么，我们可不可以换一句话说：“北京，是济南的郊区”？

敢不敢这样想？

前几天，我在接受新疆媒体的采访时就说到，作为边远地区的网民，必须打破两种观念，才能跟上时代步伐——

其一，就是要重新审视被时间定义的物理空间；

其二，就是要全面解除已经落伍的心理空间。

如果我们总认为自己是边远地区的人，总觉得自己来自小地方，这样自我矮化的思维，自我边缘化的观念，将会更加深刻地阻止我们去进取。

当网络彻底击碎空间、瓦解时间之后，我们的这些边缘观念应该随之解除，并要将自己进行“中心化”定义，在物流快递可以跟进的环境里，这个世界其实已经没有“中心优势”的概念了。

有一种思考我们必须警醒：县城的就是边缘的吗？北上广的就是中心的吗？在宽带全面提速普及、高铁快速来去、物流 24 小时全国送达的环境下，县城真的还是边缘吗？真的还是偏僻吗？真的还是匮乏的吗？

谁将改写唯一的距离

当网络篡改时空以后，小县城与大城市的唯一距离只是“科技应用的距离”，就如微博、微信这类产品，它们在大城市流行了一两年之后，才可能抵达小城市，这个，才是“唯一的距离”，而智能手机的普及，正在改写这个距离。

我个人预测，**新浪微博的发展将会在 2014 年进入“注册用户增长”的第二春。**理由是：基于智能手机低价位的普及化，农村地区的用户将因此解决一个最致命的上网门槛——键盘操作障碍。很多农民兄弟并非因为资金成本的巨大而绝足互联网，恰是另一个要命的技术门槛在阻拦他们——键盘操作障碍。这点，即将改变。

当键盘消失，智能手机全民普及的时候，更多的四线、五线城市的用户将向互联网蜂拥而至，他们将会去哪里呢？我想，更多的出门在城市打工的哥们，在春节期间，就会把微信、微博、淘宝这些重大网络入口以分享的方式传授给他的还没“出门”的亲人吧。

更可喜的是，国务院在 2013 年 8 月及时发布了《“宽带中国”战略及实施方案》。其中的重点内容有：

> “到 2015 年，初步建成适应经济社会发展需要的下一代国家信息基础设施。基本实现城市光纤到楼入户、农村宽带进乡入村，固定宽带家庭普及率达到 50%，第三代移动通信及其长期演进技术（3G/LTE）用户普及率达到 32.5%，行政村通宽带（有线或无线接入方式）比例达到 95%，学校、图书馆、医院等公益机构基本实现宽带接入。城市和农村家庭宽带接入能力基本达到 20 兆比特每秒（Mbps）和 4Mbps，部分发达城市达到 100Mbps。宽带应用水平大幅提升，移动互联网广泛渗透。网络与信息安全保障能力明显增强。

如此利好的政策，主要获益方少不得阿里系、新浪系、腾讯系。因此，新浪微博目前要做好的唯一准备就是“快速接纳新农村用户集群”，这个集群的爆发，将会进一步推动社会文明和商业文明。

与此同时，国务院还及时颁发了《关于促进信息消费扩大内需的若干意见》，这一重大文件的颁发，无疑对微博商业化扩展有着巨大好处。自微博与阿里实现商业打通以后，我就在微博上写过：**“微博将会促动‘微**

微创业'"，甚至可以让每个人坐在家里实现"家庭化创业"，这个模式只要学习一下"淘宝客"的运作方式即可——自己不生产、不进货、不开店，只在网络上帮助那些大品牌网店实行"网络代卖"即可。

有些历史，已经在改写。有些事情，正在悄然发生。

我知道，就目前的网络环境而言，民间有它落伍的地方，官方也有错位的地方；而这些错位和落伍的发生，仅仅是因为大家对未来互联网的感知不足。智能时代一旦全面到来，有些政策必将调整、有些法律必将改写、有些商业必将淘汰、有些生意必将新生。

总之，后知后觉才是最大的成本，无论是政府还是个人。

有些历史正在发生，我们，每个人，都应该对这个世界重新思考和重新定义了。

【微书评】以＃微力无边＃为话题，欢迎在新浪微博分享《微力无边》给你的生活带来了怎样的改变，并@杜子建，让屌师给你带来更多的改变。

微博，人生的修行道场

写这本《微力无边》时，我一直比较忐忑，我知道，微博于人类而言还只是个新鲜事物——它自身都还处在“未成型”的婴儿生长期呢。另外一点，真正从事传播学和社会学研究的各路专家学者都还没插手置评，我这个野路子的江湖派草民又有什么资格撰写对于这样一个“传播学和社会学”杂糅在一起的新型“传播机器”的评论呢？

问题是我敢，并且真的写了，还敢摆在你眼前等你拍砖。

今年8月底，我去解放军总医院做全身健康检查，其他毛病没有，只是有个医生说我“胆小”，顿时把我说得哈哈大笑。我说我大牢都坐过的，怎么可能“胆小”啊！

我这人，天生就是胆大，如果胆小，我想我至今在北京也顶多就是一个睡在地下室的永远的打工者吧。

我是妄为的。

自2009年9月，受新浪一个副主编的盛情邀约，我注册了当时还处于“内测”阶段的新浪微博，时至今日，已过两年；所写的微博也近7万了，与此同时，我也将原来只从事选秀的公司迅速转型到“快媒体营销”，并由此获得了风险投资。

公司目前发展的比较好，这个好，完全是基于微博的。

严格地说，如果没有微博就没有今天的杜子建，即使这个家伙很有争议——教父、大师、骗子、忽悠、专家、牛人等大堆的名号都为我所“享”了，好在我没有去较真，最多就是纠正了一次——请称呼我为“轿夫”吧。反正我没打算去伤天害理祸国殃民，怎么评我都无伤大雅。

微博是成就了我的，无论如何，仅现在受邀去讲课，都是需要提前预约的，有时还需要提前一个月。我说，我不能高攀为讲师的，我还有小公司的百多号人需要陪伴呢。

闲时，我总会用碎片的时间来写写微博，去看它、了解它、亲近它，并尝试去驾驭它，没办法啊，我靠微博生存的，如同寄居蟹，我需要附着在这个强大的平台上为各大企业做网络营销呢，百十号人的生计啊，不可忽视的。

于是，“观察和研究”从一开始我就携带在动机里了，如同静电。我始终带电工作。

关于微博，我总是会写一些自己的心得的，这些心得，也陆续在微博上零散地发表了一些，如“微观察”、“微研究”、“微谬论”等系列主题的，有些帖子，口碑是比较好的，也被各路媒体转载过，业界的专家也说有些观点是比较靠谱的。当然，我知道我有一个很实际的缺点——喜欢夸大，但偶然呢，有些“预言”的结果是真的实现了的，比如“实名将是一个稀缺品”、“微招聘将冲击传统招聘”的观点等，我是有些小聪明了。其后，慢慢地，我发现微博可以构建我个人的品牌。

现在，这个品牌好像是有那么一点意思了，虽不知好坏，但有一点可以肯定，大家从微博上知道了我，并找到我来帮他们的产品进行营销或者受邀去讲课，并且，课酬不菲——传说都有一天八万的，哈哈，不靠谱，但因为我空闲出去的时间不多，企业们自己为我涨价的事情是有的。

《微力无边》我是斗胆写的，而且写了十个月，而且这封面是我自己的意思——必须是个砖头，要么是别人拿来砸我，砸多了我存起来盖房子；要么呢，我就当这本书是武器，把你这个读者砸晕。反正，两样后果我都接受的。

《微力无边》的书名，也是经过多轮纠结的，找了很多好词，但都觉得不给力，都觉得无法说出微博自身的感觉，于是就勉强用了目前的这个书名。因为我感觉，这小小的微博确实是不可小觑的，我想，它最近的这个威力，连网络管理者都惊惶不安吧。

书，或者砖头，摆在你面前，看不看在你，买不买也在你。

如果你买了读了，觉得不错，请去微博捧个场。

如果你买了读了，觉得是个垃圾，也请你去微博拍几砖，要拍就直接点名，反正我做好准备了。

都受着，都按照我的秉性对待，不解释、不反抗、不纠结、不拒绝、不负责。

微博，是人生最好的修行道场。所以，无论如何，感谢微博，感谢你们！

杜子建

2011 年 9 月

目
录

06 微博的影响力，从信从到改变

【微观察】微博上发生的每一次小高潮都是一场小小的袖珍戏剧，但它所产生的链式反应却不仅仅止步于微博本身，它的变革性力量直接影响到现实社会，并有可能引发对已经做出的决策进行必要的微调。

07 谁是传播域的“上帝粒子”

【微观察】网络是由人构成的，尤其是社会化网络，每一个节点都是由一个一个的人构成，你激活了一个人，就等于激活了一次传播，如果他是个有粉丝的人，你激活他就意味着激活了一个小组织传播群体。

引子

大家开始吧……

@杜子建

只要微博的信息在那里，那么就要让它去传播、让它去奔跑、让它去流转到下一个路口、让它去遇见更多的人。

关于我，70瓶蜂蜜的感动

我最近身体不太好，于是在新浪上发了一条微博，说要买一点土产的、未经加工的正宗蜂蜜：

> **@杜子建：**我想买蜂蜜，原产的、蜂农的、个人的、土产的最好（不要勾兑的、不要掺假的、不要企业做的）。价格不重要，真蜂蜜就行。谢谢！请帮忙转发。

这条微博发出时间为9月2日18：46。这条微博发出去以后，惊人的事情发生了：微博上至少有100家蜂蜜机构或者个体要送我蜂蜜。

于是在9月2日19：10，我又发了这条微博：

> **@杜子建：**真是吓人！我发帖求真蜂蜜，好多网友都表示要送我。我要是松口接受大家的馈赠的话，100斤都会达到。真的感谢！不要送的，只要买的，只要真的。鞠躬感谢！

这两条微博的总浏览量达到了 60 万人次，第一条微博被转发了 269 次，第二条微博被转发了 110 次。这两条微博发出之后，无数网友都单独发微博，要求送我蜂蜜并配图让我查看他们家蜂蜜的形状。

之后，我出差五天出去讲课，回到公司以后，我总计收到蜂蜜 70 余瓶，各种容器各种罐装的，让人感动莫名……

关于他与她，一次温馨的邂逅

一段 4 月的故事，像一个照相馆。

在奔驰的北京地铁里，一个男生，一个女生，邻座，各自捧着一本英文书。女生的书是包着书皮的，男生问："你喜欢 Ayn Rand 吗?"

他们不认识。

一个简单的邂逅。

然后，会发生什么呢？

2011 年 4 月 11 日，新浪微博已经开通 20 个月了。从 2009 年 8 月 14 日，新浪微博发放第一个邀请码开始，一路狂奔到新浪微博的用户总数突破一亿五千万，@姚晨 已然"世界第三"的时候，这个男孩和女孩的故事都还不曾发生。但是，4 月，将是他们一生当中都不会忘记的"一个温馨的插曲"。

4 月 17 日的夜晚，一个刚刚注册的，叫"@10 号线金台夕照"的 ID，在新浪微博上发送了一条很突兀的微博：

@10 号线金台夕照： 2011 年 4 月，北京地铁 10 号线，往劲松方向，你在读 Ayn Rand's "The Fountainhead"，我在读 Tony Blair 的自传，我们聊了几句，你在金台夕照站下车，没有留下联系。我想认识你。

这才是故事的开始，或者说，这才是整个微博的开始。

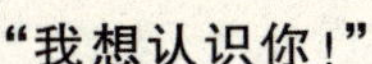

“我想认识你！”

4 月 19 日，这位来自斯坦福大学的高材生又写了一条微博：“当时我都想好如何开口了，我想说：不是每天我都能在地铁上遇到读 The Fountainhead 的姑娘，我想再能见到你。但地铁的速度快过我的勇气。”

4 月 20 日，他制作了一个名为“金台夕照”的小视频。

“谢谢大家！这么多人帮忙一定能找到。我把事情的经过做了个小视频，希望她能看到：http：//t. cn/hdL2tY。”

想象一下，这是一段配着“Jason Maz”音乐的温暖的视频。

之后，在无数人的期待和祝愿下，奇迹突然发生。

4 月 22 日午夜 2 点，一个陌生人突然在回复中说道：

> 4 月 11 日，我回到北京整整一年了。在地铁上，突然有人问我：你喜欢 Ayn Rand 吗？我非常诧异。要知道，我是包了书皮的，别人是不可能知道我在看什么书的。你回答说：I can read upside down。

这个童话一样的回复会不会让时间静止？

99 个小时。女主角出现了，并且是特意为此新注册的微博，她说：“非常感谢你的真诚，所以我也特别注册了一个微博来回答你。要知道，对于一个没有开心、没有校内、没有微博、没有 QQ 的人来说，这也真是很不容易了。”

而在男生微博的时间轴上，出现了一行忐忑的文字：

“就在这一分钟，找到了！此时突然不知道说些什么。”

“请大家帮我转告大家：找到了，谢谢！”

而几乎在同一时间，在女生微博的时间轴上，另一行字开始出现：“对不起，我已经有男朋友了。就是那个下午在南岸和我一起看书的人。上周有朋友问我：Who do you picture when you read about Roark？我说：No one and definitely not Wright. 其实我常常想到他，只是我不好意思说出来。”

4 月 22 日，应该是一个怎样的不眠夜。

4 月 23 日，9 点：

@10 号线金台夕照： 一周以来，呼啸而过，仿佛过山车。看到简单的故事打动很多人。凤凰主持人说，这鼓舞人追求幸福。正希望如此，哪怕你追求幸福的方式如我此举般不靠谱。我这结束了，大家开始吧！

这其实可以写一个长长的故事，小说、剧本或者电影，很美好。但是，这不是一本写爱情的书籍，而是由微博说开去，一些关乎传播的奥妙。

如此温馨的一个邂逅，在微博上到底是如何传播的？

一个刚刚注册微博的人，连一个像样的粉丝都没有，甚或根本就没有粉丝，那么随后的事情是如何形成传播的？

一个零粉丝者的帖子，竟然被转发了 8 687 次，活生生在人间飞奔了一遭，而且在地缘上找不到任何轨迹。在偌大的北京，如何“大海捞针”，并且奇迹般“找到”的？

微博是一个森林，一个博大无边的原始森林。

如果你是行者，试图穿越，那你就会发现这个森林当中有着各样的美好，同时也有着种种的不美好。你可能惊艳地发现你从未见过的野花，但同时，你也可能遇到可以吃人的毒草。毫无疑问，微博上卧虎藏龙，但与此同时，森林中也有鸡鸣狗盗。

微博，正因为它的小，而茂盛了它的大。

几乎每一天它都在上演新的传奇……

01 微博，一个异类的存在

@杜子建

微博是一个怪物，它的传播毫无轨迹，它的速度也无可参照，它只是它自己，在人类千百年的传播历史上，它是一个刚刚诞生的异类。

微博是个怪东西

大家要问什么是微博，好说，140 字的微型博客而已。

但要问“微博是什么?”恐怕所有的专家都会晕菜。

在新浪微博本身的话题库里，关于“微博是什么”的答案千奇百怪，总结成一句话就是“**微博是个怪东西**”。

微博到底怎么怪，我们看一个案例就会领教这个东西的厉害了。

《小时代》的“小力量”

2013 年，除了很多社会案件在微博上大火以外，更具有颠覆意义的商业事件莫过于郭敬明老师出品的电影《小时代》。

微博的 7 月，属于《小时代》的 7 月。

《小时代》之所以被我冠之为“小力量”，正是因为它以“小”的名义在微博上掀起了一场“大”的战争。

整个 7 月，有关《小时代》的微博论战都在不断发酵。如新浪微博的“大V联合论战”——@鹦鹉史航、@周黎明等诸多战将都夜以继日地在微博上联手抗击“小时代”粉丝群的轮番围攻。甚至连@人民日报 和它的母体《人民日报》都联手发难《小时代》的各种不正确，网络各界更是对《小时代》口诛笔伐，处处可见“大神级”的高端批评。而微博上的《小时代》庞大粉丝群绝不示弱，他们在一片争议声中，硬生生把一部成本投入仅2 000万的“小电影”推向了票房的极致——5个亿！

《小时代》为什么这么狠？

是这部电影真的高端霸气上档次么？在大人的眼里、在专家的眼里、在职业电影人的眼里、在文化人的眼里，这个答案或许是否定的吧。但是，在“郭粉”的眼里，TMD这部电影还就是高贵冷艳高端霸气上档次！你不服不行，票房5个亿在那里摆着，这个世界最不容置疑的投票就是用人民币投票，真金白银，谁也不是白给的。

或许，出了电影院以后，你会问：世界怎么了？

是的，世界变了！

《小时代》所掀起的滔天巨浪不是毫无来由。我们一直期待的“红色孩子”们都变了，他们不再是大家所期待和想象的革命接班人，革命不革命不关他们的事，从文化教育、政治教育、精神文明建设教育的角度来说，这个“小时代”已经不再“跟谁走”。

他们，只跟他们自己走，他们真正成为了“属于自己的一代人”，他们身上，不再有“革命的火种”、不再有“主义的火种”，他们只有自己的火种。

从微博声量的数据统计看，《小时代》上映第三天时，“小时代”的声量就达到了惊人的140万。而同期上映的《致青春》、《中国合伙人》、《西游降魔篇》在这个数据面前都望尘莫及。在之后的数据统计上，整个“小时代”的微博提及总数达到8 000万次以上（实际数字是84 646 976次）。

那么，微博到底是如何造就《小时代》的？

首先我要让暴批《小时代》的人吐一口恶血——正是你们的批评，才成就了“小五亿”的辉煌。一部正常的电影，在网络推广的时候，合理的舆情配比是三七开，也就是三分骂七分赞。但《小时代》超越了传统意义上的推广节奏，它的宣传舆情是失控的，是非理性的。

而微博上，如果某种情绪被集体传染，并有了特殊的“情绪商业基因”，那么，它们所产生的市场威力是不可估算的。从情绪转换到资本并不是《小时代》独家发明的，在中国革命史中，各种各样的社会情绪都可能被智者激活为“资本支持”，比如爱国募捐、战争募捐、赈灾募捐等，在集体情绪达到某个峰值点时，百姓们的慷慨是随时随地的。而这一点，被小时代以“雄起”的名义转化了“慈善”的内涵。

这恰恰是很多“专家”所没有看到的。

他们骂得越狠，资本的慷慨就越是义愤，这大概是他们最大的“意料之外”吧！

《小时代》的有趣之处，就是在社会化媒体环境下的“情绪投票”被人为地“资本化激活”。这个案例的经典意义就是给我们留下一个非常可气的教训——**你恨它，就别骂它，否则，市场跟你的价值观是反着来的！**

如果说这个世界真的有什么所谓的“脑残粉”的话，那么，这批人从来都是“身残志坚”的人，他们绝不会让你亵渎他们的神灵，他们会用人民币的巨大威力来“气死你”！

在山呼海啸的批评声中，《小时代》制片人安晓芬说了这样一句话，“我们只是拍了一部让孩子们喜欢的电影……里面有他们喜欢的演员、喜欢听的音乐、喜欢的画面就够了……一部电影也亡不了国，只是一部电影而已，用不着这样声嘶力竭的”。

够明白了吧！

事后，我们分析这一事件的传播过程，发现其中有很多关于**网络数据、网络行为、网友质量构成、网络传播奥秘、网络影响力因素、网络社会学构成、“链式反应”的要件、无组织的集体力量、碎片信息的发散与聚合、网络粘性、网络情绪、危机转化、微博的未来性**等内容都值得进一步研究和挖掘。

在所有可以解释微博能量的理论出来之前，我们只能暂时定义“它是一个怪物”——不同于以往的任何媒介，它的传播毫无轨迹，它的速度也无可参照，它只是它自己，在人类千百年的传播历史上，它是一个刚刚诞生的异类。

中国微博，近亲？远亲？远房表亲？

在中国，最初玩微博的一批人，大多知道中国微博是美国twitter的远房表亲。

中国人的攀亲情结，是带有浓重的商业目的的，只要你弄出来的东西被消费者认可，那么这个产品的近亲远亲甚至远房表亲都会迅速被挖掘出来。

苹果的乔布斯和微软的比尔·盖茨都曾经为这种远程攀亲痛苦过，但是作为中国微博的远祖，twitter 和 facebook 对这个远在亚洲的汉族表亲还是表示出了应有的镇定和宽容。

从2007年开始，twitter的中国基因就开始迅猛繁殖，先后出现过大围脖、饭否、叽歪、嘀咕、Follow5、火兔、做啥、51、海内、占座、说吧、碎碎念、网易、搜狐等大小30多家“私生子”。但自从门户巨头新浪网运用名人战术掀起抢人大战以后，其他微博无不自愧弗如，也就造就了新浪微博的一骑绝尘。

一开始，大家注册微博，都是用来玩的，包括原谷歌中国区总裁李开复。但自从网友们发现李开复用微博来发布离职谷歌的新闻并不断在微博上给自己辟谣之后，好多人开始醒悟：**微博不是一个简单的东西**。

这个“不简单”在后来的“玉树地震”、“西南赈灾”、“宜黄自焚”、“霸王事件”、“弹窗大战”等事件中逐渐显露峥嵘——**它不是一个媒体！它不是一个平台！它不是一个网站！它不是你所能解释的一切文字。它凶猛异常又温情脉脉，它摧枯拉朽又厚德载物。**

《新周刊》总编封新城说，“它是肉身的外延”，原尼尔森互联网研究高级副总裁马旗戟说，“它是一个宇宙”。而更多的新浪网友则说，“它是一个世界”。

其实，微博，它什么都是，又什么都不是。它只是一个平台，一个像地球一样供万物栖息的“微生物”平台，它什么都可以发生，又什么都不会发生。因为“它是虚拟的”。

但是，在高科技迅猛发展的今天，**虚拟的力量，才是最不能掉以轻心的重要力量。它，正在发生……**

你是哪种“微生物”

要搞清微博是什么，首先就得了解它到底由哪些“微生物”构成，你又是哪种微生物。

- **明星族群。**这是新浪微博的第一大家族。凡在中国演艺圈混饭的，大多都会在微博上安一个小家。据粗略估计，这个族群大约有十万人之众，她们每天在微博上写些吃喝拉撒、无关痛痒的事情，来告知粉丝们自己活得很充实很淡定很舒适，请粉丝们安心。这是一群活得最空虚最无望也最是惊心动魄的人。她们在网络上制造热点也毁于热点。
- **媒体人族群。**这个族群似乎是新浪微博的主流族群，人数也约在十万上下。基本上，中国大部分的媒体从业人员（上至总编下至记者）都堂而皇之地溜达在微博的每一个角落，他们每天都要在其间寻找新闻源和话题源，只有当他们找到大家的集体兴趣点以后，才能真正知道在全媒体时代的大环境下自己的媒体应该选择何种风向。这是活得最岌岌可危又最生龙活虎的一群人。
- **社会名流族群。**这个族群不算大，在新浪微博为数暂不算多，勉强加减约有 50 000 人左右。微博的怪异就在于，演员们大多活得像个思想家，而这些功成名就的企业领袖或社会精英反倒活得像个演员，他们每天的话题无非是“我并不是很清闲，我很有责任感，我为大家在奔忙”，本来很优雅的一群人，最后都把自己写成了披星戴月、披荆斩棘的文化民工。
- **为人民服务的族群。**这个族群以公安口的最多，其次是政府宣传口的人，具体有多少，实在不好说，因为他们或明或暗、时隐时现。他们每天都异常努力地在全心全意为人民服务，但经常被网

友们讥讽为“被人们服务的人”，他们很冤枉，他们也很憔悴，他们殚精竭虑却从来不敢声嘶力竭，在很多时候，他们真的是为广大人民操碎了心的。

- **商人族群。**这个族群共分两种，一是公开的企业官方微博群，一是非企业官方但带有强烈的商人意图的人，这群人最真实——我就是来卖的，即使你公开骂我，爱搭理不搭理你随便。这是一群坦荡的人，因此也是微博大家族里面最值得尊敬的一批人，用网友的话说，这是唯一一群“不装 13 的人”。
- **草根族群。**这个族群是由混迹网络的所有人构成，即便某人是个身家数万的企业家，他也一样自诩自己为“草根”，这个族群当然包括大量的学生、工人、农民和小作坊业主，他们是所有的微博里面最强大也是最庞大的一个族群。可以这么说，**没有他们就没有微博，他们在微博上最自觉的义务就是“围观”**。你上厕所也好，你杀人也好，只要你敢说，他们就敢围观，哪怕你真的在天安门广场裸奔起来，他们都一样瞪大他们好奇的眼睛，反正他们的任务就是对你的行为进行打分，批评、嘲笑、辱骂和赞赏的自主权都在他们手中。他们才是微博的中坚力量。**他们在别人的事件中自省，同时也会用自省的口吻自嘲，他们说：“围观改变世界。”**

如果说微博具有不可解释的传播学威力，那么，**以上六种“微生物”在“偶然组合”后的每一种组合形态，都会发生不同效果的相互影响。**其中必然包括“传播力”、“影响力”等学术话题。这些话题，将是本书展开的重点。

微博不是“你方便”，而是“你随便”

基于以上族群的完整构成，微博构成的世界一如我们的现实生活，这个看似虚拟的生态链，似乎比现实生活更加饱满，更加生动。它为无数的网友提供了无法预料的方便之门。

- **社交，你随便。**以前，你要想跟某个明星实现对话，除非机缘巧合，你基本上只能在梦中和你心仪已久的人做一点柏拉图式的对白，而微博时代来临之后，你可以直接进入明星的帖子去表达你的爱慕之情，如果你运气好的话，他或许还会在围脖上即兴与你产生互动，这个变化曾经让一个女孩激动到休克而被送进医院抢救。微博上的社交方便不仅仅局限于明星，只要你玩微博，你的目标人也在玩微博，你@一下，社交的可能即会产生，政治经济文化商务各行各业，无所不包。
- **工作，你随便。**首先，你可以借助这个平台实现跳槽，借助这个平台找到工作。其次，如果你找不到出差异地的老总，可以给他的 ID 发私信，再有就是你能力之外的工作任务可以求助微博达人来帮你完成。最后，也是更重要的，如果你的职业是客服、营销、公关，那么微博是你发挥专长的最佳场所。
- **求助，你随便。**假设你希望在一小时之内让别人快递一本书给你，你在微博上@快书包 即可。假设你突然准备出国但护照放在老家，你向老家那边的朋友呼叫一下，说你希望同一条路线上出

差的人帮忙将护照带过来，肯定会有人为你帮忙。

有一则小故事是：2010年10月26日，《生活》月刊记者晏礼中和摄影师彭杨军在格尔木前往昆仑山玉虚峰的途中失踪。27日晚8点，《生活》月刊利用其新浪微博账号发出求助信息，博友随即进行了上千次的转发。10月28日下午3点24分，两名记者找到。

还有一则故事是：10月30日凌晨，一架上海至北京航班的乘客下飞机后，由于大厅锁门，被困廊桥。零点5分网友毕胜在打机场服务电话无果后通过彩信发微博求救。零点13分，新浪编辑与机场服务人员联系并微博告知毕胜。零点15分，毕胜彩信更新微博称获救，感叹“围脖力量无穷”。

- **发表，你随便。**以前的出版，是高门槛的，一般人想出版一个自己写出来的东西那是需要很多指标的，而有了微博之后，哪怕你是幼儿园毕业，也一样可以在微博上发布（出版）你童言无忌的大言不惭。根据网友举报，新浪微博，最小的网友不过两周岁，并且还拥有一大批明星粉丝。

微博是战场

微博为大众提供了便利的同时，也一样会给其他方面带来不“便利”。

比如说之前火爆的“蒙牛事件”，以前诸如此类的商务对手打架事件的攻击战场大多是在电视台或者报媒上，但现在，这一战场的主要阵地已经迅速转移到微博上来了。

2010 年腾讯和 360 安全卫士之间的“弹窗之战”无疑是生发于微博的一场大戏。

这场大戏的最大趣味就是，本来腾讯就有自己的微博，但是，弹窗大战的主战场竟然是发生在“新浪微博”，到 2010 年 11 月 5 日 23 点整，仅新浪微博一家有关“弹窗大战”的话题总数就已经接近 500 万之巨了，而这个话题在 2010 年 10 月 20 日，还未曾萌芽。

让各路网友开怀大笑的是@腾讯公司，这个企业官方微博于 2010 年 11 月 3 日发表了一篇颇具悲情的微博公开信：

@腾讯公司：《致广大 QQ 用户的一封信》：当您看到这封信时，我们刚刚作出了一个非常艰难的决定。在 360 公司停止对 QQ 进行外挂侵犯和恶意诋毁之前，我们决定将在装有 360 软件的电脑上停止运行 QQ 软件。我们深知这样会给您造成一定的不便，我们诚恳向您致歉。同时也把作出这一决定的原因写在下面。http：//sinaurl. cn/h652qk

这封信最大的妙处就在于腾讯公司把一场即将掀起血雨腥风的“弹窗大战”，写成了一篇极具人文情怀的“与山巨源绝交书”，并由此激发了具有丰富幽默感的中国网民的欢乐情怀，他们在看完此帖一秒钟之后就高速打造出最富中国山寨精神的“腾讯文体”。

我刚刚作出一个非常艰难的决定，在中泰建交100年之际，我决定去泰国曼谷看一场人妖大战……

由此而起，各路豪杰毫不犹豫地在微博上展现各自的才华，写出数以万计的“我作出一个××的决定”，他们把愤怒、嘲讽、辱骂、攻击、欢乐和戏谑全都一股脑儿地发泄在了花样百出的“腾讯体”上，借此表达对中国互联网恶劣竞争种种乱象的无奈和愤怒。

这是一场互联网公司之间的窗口大战，但在网友眼里，他们俩都不过是无耻之徒，于终端占领而言，这两路货色都是海盗土匪，没人把网友当成必须尊重的对象。但明眼人都看得清楚，**这样惨烈的互联网大战，肯定没有所谓的赢家，最后伤害的只能是这个行业必要的道德底线。**

与此相类似的，以微博为主战场的商务事件还包括“蒙牛事件”、“霸王洗发水事件”、“曲美事件”、“泰诺事件”、“地沟油事件”等等……

微博是“活”的答案

在互联网上，你用过搜索引擎么？你偶尔使用？你经常使用？你天天使用？

如果你想在偌大的北京找一家皖南菜的馆子且身边没有好友可问的时候，你会求教互联网么？如果你右肋疼痛自己无法确定病因且没有医生在场的时候，你会求教互联网么？

如果答案是肯定的，那么我锁定一下：

网络是答案。

无论国内还是海外，网络只是答案。网络上无非两种人：找答案的人和给答案的人。

微博同样如此。微博是答案，甚至更进一步——**微博可以给出你所想要的全部答案。**

以前，如果你在不确定某些事情又急切想知道答案的时候，你大概会选择哪些渠道来获取“答案”？

问身边的朋友或者专家？

打电话？

发短信？

去图书馆？

上互联网？

在寻找答案的互联网上，你首先是去找谷歌？百度？搜搜？问答？百科？知道？

你是去以上这些板块，还是去登陆BBS？

你用过微博么？

微博（以新浪微博为例，截至2011年9月15日），由以下关键词所派生的数据可以研究：

1. 请问　7 377 111　次
2. 为什么　65 808 957　次
3. 怎么办　18 676 908　次
4. “寻”　31 404 533　次
5. 求　155 833 704　次
6. 请教　1 170 858　次
7. 已解决　19 172　次

8. 答　　　　38 814 114　次

9. 谢谢　　　68 892 884　次

10. 我　　　2 267 258 529　次

11. 你　　　1 406 478 352　次

12. 他　　　362 488 672　次

13. 她　　　134 039 832　次

以上数据，可以作为微博行为学研究的一个深度考察线索。

除了“我”、“你”、“他”和“她”这几个人称的关键词以外，网络上出现最多的关键词就是关乎“生活”核心层面的“问”。

有问必有答，这是网络生态的生死链条。它与人类天赋人格当中的核心人格——好为人师紧密相关。

有问必有答，前网络时代是“你问我答”，而“后网络时代”是“所有人问所有人答”。这就是网络的奥秘所在。

网络的密码就是问，网络的密码也是答，除此之外，网络好像没有继续存在的必要。

网络是答案，但是搜索引擎的短板就在于，它可能只会给你“过期答案”或“僵化答案”。在即时答案领域，微博的现场功能和即时解答功能已经远远超出以谷歌为代表的任何搜索引擎。而从人之常情上看，网友们在提问时也是更渴望及时答案和最新答案的。

微博的答案是“活的”，是动态的，是最新的，甚至是 PK 的。答案与答案之间甚至会相互争吵，而这样的争吵对答案的厘清更有帮助，你所要做的唯一一件事，就是对千奇百怪的答案进行必要的“信息加工”。

发表是互联网上的人权，分享是互联网上的意义，答案是互联网上的价值。碎片时代必将引发搜索变局，短答案、即时答案必将成为大趋势。

在前文提到的关于蜂蜜的案例中，其实，我发那条微博的用意有两种，一种是我真的要蜂蜜，第二种是我的身份使然。

很多网友都当我是“网络营销专家”，但如果我只讲抽象的理论，很多网友会听不懂。比如我说“一切营销，到人为止”、比如“让购买者找到答案”、比如“预埋答案和跟随答案”、比如“转告才是营销的开始”、比如“信任代理是最好的营销”等，这些概念我张口就来，但是，他们会如何理解？如何实操呢？

于是，我做了这个帖子，一下子让很多网友明白了“跟随答案”的重要性——当你发现某个网友的实际需求时，你可以把你产品的答案“跟”上去。

只有在你懂得了“人”，懂得了“需求”，懂得了“信息可以显示需求”的时候，你的营销才会产生出来。

比如我收到蜂蜜之后，马上拍照展示各家的蜂蜜，致以谢意之后，我会说哪一家的蜂蜜更适合我，如此一来，我算是做了一次不错的“转告”，因此，很多网友就跟随我的评价而购买他家的蜂蜜，这叫“信任代理”，因为我的粉丝中有不少网友相信我，因此也会“跟随”我。

其实，网络营销，浅一点说，就研究三个东西：**1. 研究信息；2. 研究信息中包含的需求；3. 做好信任支撑和有效推送。**

高层次的网络营销，就要研究“内容生产”、“关系形成”、“信息节点”、“答案铺设”、“线索布局”、“印象构造”等深层次话题了。

网络营销，其实就是**“我该如何找到他？他该如何找到我？”**

这个，以后再说。

02 在场，微博威慑力的核心

@杜子建

微博像第三只眼睛，更多的时候，让我们看见了现场，看见了一个事件的毛坯，看见了实实在在的“个体直播”，而这种“个体现场直播”，是没有编剧、没有导演、没有演员、没有配乐、没有绘色的。它只是一个信息毛坯，是原生态的。它使每个人都成了潜伏者，每个人都是深喉，每个人都是记录者，每个人都是在场人。

微博，让每个普通人拥有了最强大的背景

微博来临，看似简单的140字革命。人们不会再因为文学修养不够而止步于网络表达，不会再因为时间不够而放弃于网络表达，更不会再因为理论基础的不足而怯场于网络表达。

微博，没有门槛，而且随时随地，它可以没有主语、没有宾语，甚至可以没有情绪没有主张——无论何时何地何种心情，即使你只是无聊透顶，你都可以以无聊为名义发布无聊的帖子，它成了一个任何人任何时候都可以有话就说的好地方。

生活中，大家流行着这样一句话："我是有微博的人！"

说这话的语气极有喜感，并相当豪迈，仿佛喜滋滋地警告他人：

别惹我！

这话跟早年"我是有组织的人"、"我是有背景的人"一样，是一个很有底气的人格支撑，似乎是说，自从咱有了微博以后，就算找到组织也算握上枪杆子了。

微博成了武器，至少，它可以用于自卫。

微博，因为具有独特的“手机端口直播优势”的发送便捷，而具备了一种无可替代的强大的个体直播威力。

有一个好玩的微博段子，最能从市井文化中看到这个“小革命”的到来。有一位女网友说，某领导要以领导的名义和她发生关系，并威胁说自己是有背景的人，该网友听后哈哈大笑着回答：“要知道，如今我的背景更大，我是有微博的人！”一句话就把好色的领导吓得魂飞魄散。

还有一个视频是这样说的：教室里，一位教师举手要打学生，顿时看见所有的学生都把手举了起来，这举起来的每一只手上，都有一部手机，手机的镜头对准了老师。老师落荒而逃。

微博让每一个普通人拥有了最强大的背景。手机，是他们的武器端口，而这个端口背后的微博，有着亿万双眼睛在“盯住你”！

眼睛，才是这个世界最强大的武器吧！即使你拥有核武器，但如果你被眼睛盯上，你威力再猛的核武器在使用的那一刻，都必须做到“师出有名”。就算是像英国这样的老牌强国，在自己的国家发生重大骚乱的时候，也不敢轻易使用它的“国家暴力”，因为英国，不仅仅有twitter，还有更厉害的facebook，它知道，在它轻易使用任何国家暴力时，都必须面对更为强大的“世界级网络用户”——它知道，这类的网站，随时随地都在进行“在场”直播。

每个人都是“在场直播”

“在场主义”，也即“在场性”（Anwesenheit），是德语哲学中的一个重要概念，后来逐渐被整个西方当代哲学所接受。在康德那里，“在场性”被理解为“物自体”；在黑格尔那里，指“绝对理念”；在尼采思想中，指“强力意志”；在海德格尔哲学中，指“在”、“存在”，到了法语世界，则被笛卡尔翻译为“对象的客观性”。

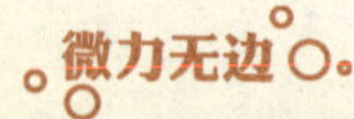

“在场”即显现的存在，或存在意义的显现，或歌德所说的“原现象”。翻译过来，相当于我们汉语的“在不在”的“在”和“有无”的“有”。更具体地说，**“在场”就是直接呈现在面前的事物，就是“面向事物本身”，就是经验的直接性、无遮蔽性和敞开性，而“澄明”是通往“在场性”的唯一可能之途——只有“澄明”才能使“在场性”本身的“在场”成为可能。**而欲达至“无遮蔽状态”，只有通过“去蔽”、“揭示”以展现。

通俗地说，**“无加工的现场直播”就是在场性。它的重要特征就是“去蔽”，是无遮挡的，不加工的，是原态的，是揭开的，是裸示的。**

微博中的很多帖子都是如此：突如其来的倾诉，不可克制的愤怒，毫无掩饰的狂喜、不经加工的照相，都是典型的在场主义特征。

照相，对，就是这个词，不是摄影，不是棚拍，不是艺术，甚至不是精心安排的生活，它就是照相，就是偶然的瞬间，就是相互都不知道的一个现场呈现。

微博就是照相，大多数是原貌，而且是不经意，无安排，咔嚓一声，三五个字，三五句话，短促、直接，毫无修饰，一击按钮，零点几秒，就呈现到世界的面前，几千人、几万人、几十万人、几百万人乃至整个微博，都会看到你的“在场直播”。

我在现场。

我在这里。

我在看着。

我在拍着。

我在。

在。

这就是微博，随时随地，无处不在。化用金庸的一句话：**有人的地方就有微博，有微博的地方就有直播。**

在场，无处不在。

最近发生的引起全世界关注的“7·23 动车事件”，就是一个典型的“个体在场直播”的著名范例。

在 7·23 车祸发生后的第二天，所有关乎事故现场的救助和清理工作，都被网络进行了“在场直播”，车祸的处理，车厢的处置，当地官员的到场，他们所说的话语，他们的衣服，他们所使用的雨伞，他们在现场的每一个表现，都被网友“直播”并且毫无遮蔽，他们被“裸曝”了！

最为经典的是这个事件的新闻发布会，由于铁道部应对仓促，整个新闻发布会的现场被无情地直播出来，而且，微博与现场同步，当那个著名的发言人说出“至于你信不信，反正我是信了”时，发布会现场和微博现场的情绪都同步达到了高潮。

社会，愤怒了！

微博的第三只眼

在雾中开车，穿行于高速公路或山野，如果我们不打开车灯，那么道路的能见度就是你睁开眼睛，极目所及，能看多远是多远，50 米，100 米，500 米，这个视距为“能见度”。在气象学上，能见度，是反映大气透明度的一个指标，航空界将其定义为具有正常视力的人在当时的天气条件下还能够看清楚目标轮廓的最大距离。能见度和当时的天气情况密切相

关。当出现降雨、雾、霾、沙尘暴等天气过程时，大气透明度较低，因此能见度较低。

百度百科对“能见度”和“可见度”的解释是一样的，但我不同意这个解释。

我认为，**“能见度”是理论上的视觉距离，而“可见度”是物理上的视觉距离。**比如在大雾中打开汽车大灯，它的可见度就会通过物理作用加强——看得更远。

微博的效果，就是汽车在大雾中穿行打开大灯的效果。

原因之一，是世界太大了，大到我们听不见也看不清真相的程度；原因之二，就是世界太复杂了，复杂到无法穷尽，以至于我们顶多只能看见身边的事物而无法触及身外的世界。

古代人始终有着一个美好的愿望，我们的祖辈经常给我们讲一些“千里眼”“顺风耳”的故事，就是期望着有那么一种人，有那么一个时期，我们人类的视觉与听觉都会被神话或科技所拓宽。

现在，这个古老的愿望已经基本上被实现了。

微博，是我们原本生活的第三只眼睛，它已经不同于以往的各种媒体——不再是滞后的，不再是传说的，不再是据说的，不再是听说的，不再是精加工的。它打破时空，随时同步。

微博的第三只眼睛，更多的时候，让我们看见了现场，看见了一个事件的毛坯，看见了实实在在的“个体直播”，而这种“个体现场直播”，是没有编剧

的、没有导演的、没有演员的、没有配乐的、没有绘色的。它只是一个信息毛坯，是原生态的，是本件，是活生生的。它呈现出来，让你看到，你唯一所要做的事情就是围观和判断，用自己的知识结构来加以解读。

正如宜黄自焚事件一样，一张照片，活生生地呈现在那里，真假也好，对错也好，都由你（读者）来判断、来甄别、来定义、来评判。

于是，微博，无疑增加了社会可见度，但在这个“信息毛坯”的可见度基础上，我们自身的学识、经验、阅历、价值观和人生观会对这一“信息毛坯”进行自我加工。而这个“加工方式”的不同，就会导致判断结果的截然不同。因此，在这样的环境下，“关键人”和“引导者”就不可或缺了。

微博上发生的每一次大事，我们几乎都可以看到某个关键的在场者，同时，我们也经常看到某个在场的“关键人”，更为重要的是，一个毛坯信息的甄别，大多数时候是需要“引导者”来进行真伪判断和价值判断的。

如果微博上缺乏关键的“引导者”，那么，微博的第三只眼，足以开始让一些企业和某些机构心惊胆寒。

而当微博上的“关键人”和“引导者”不断发挥自己的正能量的时候，企业也好，个人也好，机构也好，都无须担心微博的“杀伤力”。

曾经有网友说，微博来临，让很多无良公司命悬一线，但也会让正直的机构更加光明磊落。

最最需要担心微博的，恰是那些心怀不轨、仇视微博、无视天下的人。

只要你所做的事情祸国殃民，你必将在最短的时间内感受到什么叫真正的“舆论凌迟”。一个企业的危机，在微博上生发，只需一秒钟，在这短短的一秒钟之后，它要发酵并释放出讨伐威力顶多只需要三分钟。

三分钟，即使是上帝家的公关公司也来不及做出任何公关反应。

霸王洗发水事件、唐骏假学历事件、蒙牛网络攻击事件，无不如此。

微博的眼睛似乎无处不在，没有边际。

比如前一段时间著名的郭美美事件，它首先是由一部玛莎拉蒂汽车和一只爱马仕的皮包引起的，而后因为郭美美的新浪身份认证是“中国红十字会商业总经理”，这个事件被突然放大并复杂化。

郭美美只是一个 20 来岁的小演员，她如何就拥有了玛莎拉蒂和爱马仕？她是红十字会下属的一个机构经理，难道她所有的花销“来路不明”？

于是，人们开始质疑。于是，她的母亲、她的干爹、她的房子、她的车子、她的一切，都被裸曝了。

曝的越多，疑点越大。无数的为什么，都被网友追问起来。

为什么？

为什么？

为什么？

于是，王军焦头烂额了。

于是，郭登峰焦头烂额了。

于是，中国商业红十字会焦头烂额了。

于是，中国红十字会因此也变得焦头烂额了。

于是，郭美美从深圳登机回北京接受警方调查的那一刻开始，微博的“在场直播”发挥到极致。

这个叫郭美美的女孩，从购买了飞机票的那一刻开始，她的全部行程就都被“照相”了——她所乘坐的航班、她所购买的机票、她在飞机上的座位、她身边坐着的人、她将在几点落地、她落地的地点、她登机和落地后的样子，全程去蔽直播。

在这个直播过程中，她的起点深圳在微博、她的飞机乘客在微博、她落地后的机场“迎接者”在微博，她行程当中的无数细节，都被大家“微博”了。

那一刻，全世界，究竟有多少双眼睛在“照看”郭美美？无以统计。

直到第二天下午，当北京警方作出“郭美美与红十字会并无直接关系”的解释之后，此事才稍稍告一段落。

无处不在的裸曝力

早前，互联网曾经对纸媒造成第一轮冲击，**互联网对纸媒冲击的最大的“利器”是“占有时间优势”**，因为所有的纸媒，最快的新闻也要到第二天早上才能与读者见面。这个“时间优势”的分水岭发生在“9·11事件”的当日。

新浪总编辑陈彤曾不无自豪地说过，“9·11事件”当日当时，他就通过“新浪欧美区”的工作人员，向“新浪中国”及时播发了不少于500条的即时新闻，而报纸杂志最快也得第二天早上6点才能见诸报端。**而当微博来临之后，“时间优势”只得让位于更凶悍的“现场优势”了。**

微博的在场和现场，让网友们更习惯于满足“第一时间”和“第一直观”；这种身临其境的现场优势，比所有的门户、博客、BBS、SNS都来得迅猛，因为微博是短制的，是武器当中的手枪型，三两个字，一张图片，一扣扳机，就发上来了，上来之后，就会迅速被粉丝转发并马上形成扩散。

就“转发”而言，论坛能做到么？博客能做到么？很明显，这个优势，除了微博，谁也无法做到。

而微博来临对门户网站的冲击只在其次。真正受到冲击并可能因此在未来 10 年走向消亡的，一定是传统的纸质媒体——报纸、杂志、书刊。

纸媒的落日，已经步行在黄昏的街道上了。

《华商报》记者@母人猿 GG 于 2010 年 11 月 1 日发表了一篇表达感慨的微博。

@母人猿 GG：今早去小摊点吃早饭，小桌子上坐了 6 个人，有三个小伙一边吃一边用手机看新闻！桌子上没见有人看报纸！可怕的习惯！报纸，在新媒体的冲击下，还能走多久？

与其说这是对现代媒体迅速普及的一声惊呼，不如说是对传统媒体即将消亡的一声哀嚎。传统媒体的老总们最近最紧张的就是：“我们的媒体到底会在哪一天死去？”

与此同时，微博冲击波的快速到来，也让无数的传统广告公司风声鹤唳，他们知道，这样的冲击波，并不会止步于对传媒的杀伤，更重要的是，在传播形式发生根本变革的今天，**老派的广告形式如果不能跟微博的“碎片化”同步，也必将走向没落的归途……**

在亿级用户已经到来的今天，理论上说，每 13 个人当中就会有一个玩微博的。而当我们预测 2011 年底的微博用户数超越两亿人的时候，基本上就是每 6 个人当中就有一个玩微博的，如果我们把老弱边穷地区的人口和老人儿童这些不太上网的人口放在统计之外，那么，理论上讲，目前的一级城市里，每3个人当中，就有一个玩微博的，而且，这个人未必是在用实名微博，也就是说，你身边的人在微博，也许你还不知道。可以预期的是，在2012年，微博用户将如同手机用户一样无处不在。

如果我们再撇开一部分老弱边穷地区的人口不谈，只选取通讯发达地区，那就基本上人手一个微博账户了。到那时候，基本上，每个人都是潜伏者，每个人都是深喉，每个人都是记录者，每个人都是在场人。

不管你接不接受，有一个事实已经发生：微博，势不可当……

这样的“势不可当”，正在深刻地改变着我们的生活。

我在想，微博上的那个谢局长（也就是江苏溧阳的那个卫生局局长），如果早点听我说说“微博的在场直播威力”，就算打死他，他也不敢自己在微博上直播“与某女子去开房”的笑话了。

也许，这个局长智商很高，他明显知道微博是公共平台，是一对多和多对多的对话模式，因此，他的微博基本没有关注其他人，他以为他只是在“发送暗号”，也只有懂得这个暗语的人才知道他究竟在对谁说话。

确实，一般人看到那样的对话，根本就摸不着头脑，因为他的微博帖子，大多无名无姓，只是在说，而不是在“互动”。而对方（与他开房的女子）的微博，也同样是“自说自话”的表达模型。常理上讲，在亿万人活动的大平台上，在信息洪流如同海洋一样的大微博上，一个毫无粉丝的人，说几句屁话，根本就无人知晓，甚至是偶然知晓也被忽略的。

但智商极高的谢局长根本没想到，是他自己给网友留下了“好奇的后门”：

1. 他使用了自己的真实照片作为头像；

2. 他关注了他最不该关注的对象（女子）。

于是，经验老到的网友，稍稍动一下鼠标，就会从双方的对话中发现“玄机”，就算你写的是“莫尔斯密码”，微博上，一样有高人能将你破解。

微博，是什么样的牛人都在其间溜达的平台，物理学家、化学家、人文学家、心理学家、法学家，比比皆是，你逃不掉的。

因此，这个笑话注定要被直播，据说，天涯社区，有一大批人都在开始的时段禁止“知情网友”去踢爆这个事情，他们在等待，等待更大的料，等待更狠的“裸曝时机”。

于是，这个事件的结果可想而知。

局长被裸曝。

局长下台了。

03 『发生关系』，微博社交的本质

@杜子建

我们之所以在“发生关系”上重点着墨，正是因为我们挖掘和研究的对象是“社交平台”，是人人参与的社会化平台，是微博。这个平台的第一核心，就是“发生关系”。

社交平台的第一核心，“发生关系”

“发生关系”这个词，看起来无限暧昧，但只把这个词看成“暧昧关系”的人恐怕这一生都难以成功。

中国5 000年的历史大事，世界史的每一次翻新，我们都不难找到这个词忽隐忽现的身影。

如果恺撒大帝没能在关键时机与庞培、克拉苏秘密“发生关系”结成前三巨头同盟，那就不可能出现后来的罗马帝国。同样，如果周文王没有在关键时刻与姜子牙“发生关系”，那也不可能建构紧随其后的“九合诸侯，一匡天下”的中原大局。

同样因“发生关系”而改变历史的著名事件数不胜数。其中，伟大的浪漫主义诗人李白就有一句表达“发生关系”的著名诗歌“生不用封万户侯，但愿一识韩荆州”，以李白的绝顶智商，他比更多的诗人更清楚“发生关系”对一个人命运变革的重要性……

在近现代革命史中，如果毛泽东、周恩来、刘伯承、邓小平、刘少奇等人不是因为各自的因缘际会而发生必要的政治关系，那么后来的中国历史将由谁改写？

历史无数次更迭，无不跟这种“发生关系”产生关联，它们总是因为某种“因缘际会”而突发性转向“风云际会”。政治社会如此，商业社会一样如此，如果江南春没有和软银的孙正义发生商务关系，那就不会有后来的分众传媒；如果陈晓没有遇到黄光裕，如果比亚迪王传福没有遇到巴菲特，如果 twitter 创始人杰克 · 多西（Jach Dorsey）没有遇到伊万 · 威廉姆斯（Evan Williams）……

我们之所以在“发生关系”上重点着墨，正是因为我们挖掘和研究的对象是“社交平台”，是人人参与的社会化平台，是微博，这个平台的第一核心，就是“发生关系”。

姜子牙，“发生关系”第一人

如何更好地将这个“发生关系”的奥秘阐述得淋漓尽致呢？

我们来看一个著名的历史故事吧，这个故事是关于姜子牙和周文王的，很多历史资料和影视作品都把他们的故事当成求贤若渴的人际佳话来写。我们今天换个笔调，把这两个人的故事从传播学和炒作学的角度来解读一下，看看其中各自的奥妙：**1. 如何与名人发生关系；2. 如何与社会发生关系；3. 如何与国家发生关系。**

首先我们来说说姜子牙的生平。

史载姜子牙是个杀猪的，混迹菜市场的时间长达半生之久，后来他年纪大了也懒惰了，嫌杀猪是个又累又脏的活，就改行做了算命先生。姜子牙算命很准，很准的原因是基于他一直混迹菜市场。那个年代由于传播技术的缺乏，菜市场也就自然形成了自成一体的“新闻中心”。姜子牙擅听，也就是现在常说的“包打听”，他每天都在菜市场收集周边村落各家各户的故事，并且对小范围村镇的张三李四了如指掌。因此他那个**所谓的“算命”就是把早期积累的所有信息进行“精细化加工”，然后针对当事人进行“信息贩卖”，这样算命，能有不准的吗？**

姜子牙是个有野心的人，关于他的很多历史记载和传说都说他，“半生寒微，择主不遇，飘游不定，动心忍性，观察风云，等待时机，期遇明主”。姜子牙一生最大的愿望就是“为帝王师”，并为此把自己包装成贵族的后代。

我们再说说周文王的生平。

周文王严格说来是“官二代”，并且是被双规过的官二代，说白了就是坐过大牢的，他坐牢获释后心里不服，想造反，但因为身份（侯爷）不能随便造反，否则不得人心——侯爷造反，逆天大罪，天下诛之。也就是说，文王想造反，必须“师出有名”，师出无名必将身败名裂，功败垂成。

看看，这两个同样有着巨大野心的人是如何发生关系的（**与重要的人发生关系开始了**）。

以姜子牙的菜市场经验，他一定听说了这个被双规的官二代已经被释放，并有可能会造反，他断定这是一个难得的成就自己大业的机会，他会错过吗？

那么，有造反野心的周文王从羑里监狱被释放以后，一定是要找算命的算算自己的前程。那么在菜市场已经混到“神算子”地位的姜子牙自然会进入他的视野。文王果然去找姜子牙算命，姜子牙看到成大业的机会到来了，自然会告诉他，你少了我就成不了大事。但前提是，必须制造一场神话来为造反铺垫……

于是，以韬略见长的姜子牙跟周文王合谋了一个震惊当时全社会的大炒作——钓鱼（**与社会发生关系的事件开始有计划地运行**）。

直钩钓鱼，无论是当时还是现在，都是一件很傻很二的事情，无疑会招来无数人的嘲笑和传播。**拿傻人傻事当传播利器，是任何一个时代都屡试不爽的炒作技巧。**包括今朝的“小月月事件”、“芙蓉姐姐事件”、“罗玉凤事件”，传播本质无不相同。因为任何时代，人们都需要生活笑料来装点各自的生活并以此来证明自己活得更聪明。

姜子牙深悉人性，特意制造出一个“傻瓜事件”，于是，菜市场的各色人等开始传播。这个传播无疑是被姜子牙利用了的。因为他知道这个故事最后的包袱将是什么，以及在什么时机抖搂出这个包袱最合适。他说过：“**天下非一人之天下，乃天下人之天下也！**”这是姜子牙市场经济学的核心指导思想。

一个傻人，做了一件傻事，而且一定要傻到让全社会震惊的地步才会形成真正巨大的传播效果。姜子牙的那个时代，没有互联网、没有手机、没有电视、没有任何稍微先进一点的传播工具，只能依赖口口相传，也就是现在最流行的“口碑营销”——**姜子牙，才是真正的口碑营销的鼻祖。**他知道，口口相传并能形成链式反应效果的事情必须是个著名的傻瓜事件。因此，在预谋炒作的情节里面，文王的高级轿车是要被拒绝的，因为这样一来，事情会朝着更加理想的“傻二路线”的方向深度发展。

于是，菜市场的全民无意识自觉炒作正在进一步深化——直钩钓鱼的傻姜遇到了双规回来脑子进水的傻昌，两个傻瓜在一起做了一件更傻的事情，一个要请人出山，一个说请不动。**传播学上的“链式反应”和“病毒营销”都开始由此诞生。**

事情发展到这一步，菜农们开始怀疑自己的智商了——难道我们都笑话错对象了？

这才是姜子牙想要的传播轨迹：嘲笑——怀疑——查证——追踪……让事件的轨迹根据自己的逻辑行走。于是姜子牙在渭河中钓出了“天书”。这是预谋成功的炒作情节之二了。

周文王第二次派出更高级别的车队，但按照姜子牙的导演，必须再次被拒绝，然后是第三次，如同诸葛亮的三顾茅庐，一样的炒作，只是诸葛亮更山寨一点。

姜子牙说，别人的轿车我不坐，要坐就坐大王你的，坐大王的轿车还不够，你得给我当驾驶员，当驾驶员还不够，你得在后面给我推着走。

于是，在“二傻”当中，第一个傻子被解放出来，反过来轮到菜农们自己骂自己傻了。于是姜子牙进朝歌、筑灵台，造谣妲己是狐妖，说纣王是个变态狂，于是菜农们无不相信了。因为这个时候的姜子牙已经接近神人（**与国家发生关系的情节也就顺理成章地发生了**）。

于是，这灵台之上，某一天电闪雷鸣，姜子牙顺理成章地说：“可以造反了，老天说的，天最大。”师出有名，天下归心。于是天下诸侯反出朝廷，九合诸侯，一匡天下，终成大业。

姜子牙事件，从“发生关系”的角度考虑，算是中国历史上逐鹿天下问鼎中原的一次最著名的“发生”，以致影响到中国以谋略来推动革命的几千年发展史和战乱史。

而如果我们从炒作或者“传播学”的角度去研究，这个事情的来龙去脉就不单单是一个“钓鱼”所能完整还原的。社会心理学、社会行为学、传播心理学、人本哲学、公共审美、无组织的组织力量建构等，都在其间完整显现。

从这个角度反观“芙蓉姐姐”最近的“减肥减到小蛮腰”的励志事件，也可以看出多重趣味。

你还在骂芙蓉姐姐傻么？

你看到她风生水起之后，自己是否开始反思？

是谁成就了芙蓉姐姐？

最有趣的是，芙蓉姐姐总是不断地发表微博来刺激大家，谁能确保芙蓉姐姐将来不会一不小心成为“国际巨星”呢？

5天，一个“发生关系”的美好奇迹

好吧，说一个美好的“发生关系”的故事，在微博上，两个博友，从陌生到熟悉，五天，聊了多少句话，不知道，但是五天之后，上海女孩直飞成都，结婚了！

大概是2011年8月，一个叫@4岔路口 的上海女孩，与成都的摄影师@摄影师身后大叔产生了好感，然后就是私信往来。8月11日，两人谈到结婚，女主角带着户口本飞到成都。

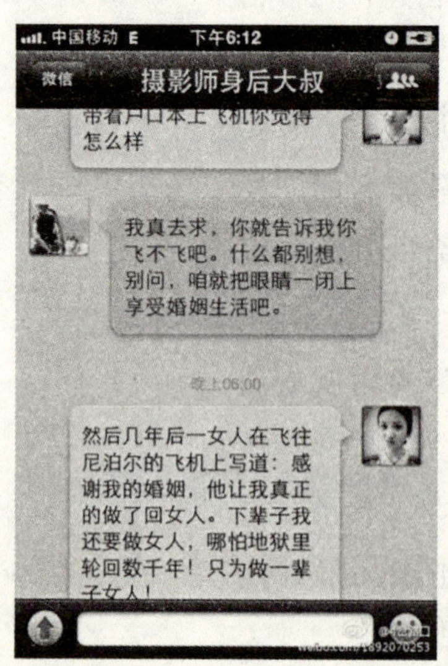

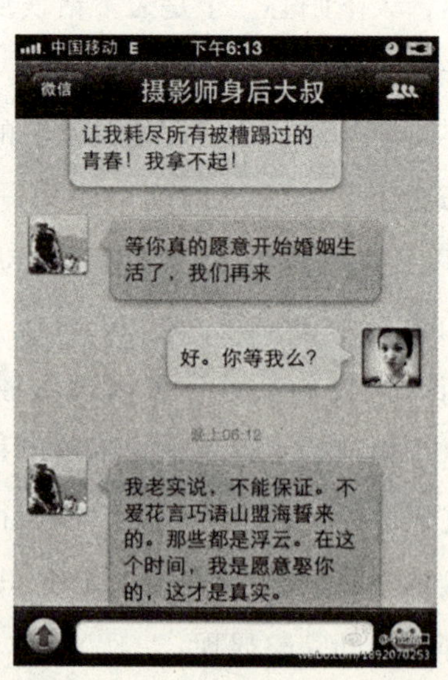

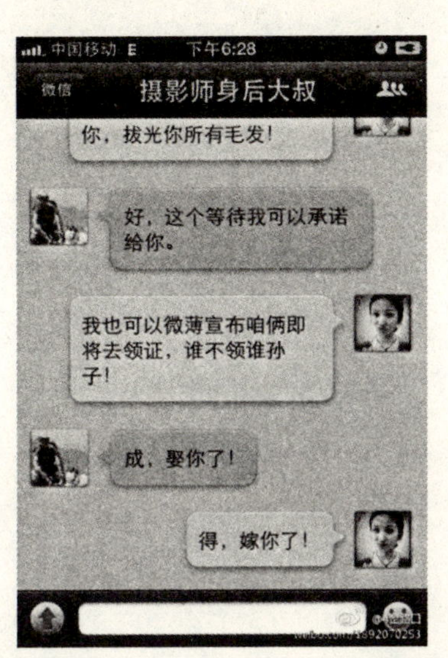

8月12日，@4岔路口 发布微博说："真心谢谢大家的祝福！这些都将是我们人生中不可忘记的美好。也许是意义，也许是诠释。不管代表什么，我们的心都是单纯而脆弱的！有人会问会后悔么？我只想回答这位，人生里有几件不是后悔的事情，在患得患失的时代，期待的真实感会是多么让人奢侈的事情。就一份真诚的感动和默契足以我这一生品尝！"

随后她还在回复网友时说："我一直想哭的，早上还是没忍住。这些都不是巧合，也许我们借着机会给大家做了示范，不管越来越多的相亲类节目，我们放开所有附属真心的爱一回，真的足以对相亲有了冲击！大家都讨厌相亲，为什么？虚伪？还是大家越来越脆弱的掩饰。其实也许放下很多之后你会觉得，爱是简单的。"

然后，还有许多然后，总之，是"发生关系"了。是爱，是美好！

04 给力的『人人』传播

@杜子建

微博传播，主要基于“人人”而不是“人群”。人人，只遵从自己的内心，即使是同样为一件事忿忿不平，它也不顺从群体情绪，只遵照自己的内心行事。

张家川的得与失

在没有出现“打大谣”之前，你要跟我说“张家川”三个字，我一定会以为你说的是谁的名字，但这次不同，这次，他等于“一个孩子的盛世谣言”以及这个“谣言事件”的出产地——张家川县，一个国家级贫困县。

有一个网友戏谑地在微博上写过一句话：“继张家界，张家口，张家港之后，恭喜偏僻的甘肃贫困县张家川县一夜成名”。

这是一次无厘头式的“成名”，它来得突兀，却去得壮阔。历史上再写张家川的时候，一个孩子的名字必将在册——杨辉，一个还在念初中的孩子，因为对一个人的跳楼自杀写出了自己的质疑，而后被抓捕（拘留）。

这个事件的轨迹是这样的：

9月12日6时17分，甘肃张家川发生一起意外死亡案件。经张家川县公安局现场勘查、尸体检验，认定排除他杀，死者系高坠致颅脑损伤死亡。

9月14日、15日，网民“辉哥”就高某意外死亡先后多次通过QQ空间、微博质疑高某死因，并发布“必须得游行了！”等言论。

9月17日，杨辉因涉嫌寻衅滋事被张家川县公安局刑事拘留。

这一事件经媒体报道后引发微博一片讨伐之潮。

9月20日，甘肃省公安厅会同天水市公安局组成联合工作组开展调查。

9月22日，经工作组进一步调查核实，经省市县公安机关研究决定，依法撤销刑事案件，对杨辉予以从轻处罚。

9月23日凌晨2时左右，张家川县看守所，少年发帖被拘事件的主角16岁的杨辉获释。

9月23日23时34分，甘肃省张家川县政府网站发布消息称，张家川县委当天召开常委会议，根据市纪委建议，决定停止白勇强担任的县公安局党委书记、局长职务。

看这个时间进度表，我们好像是在看一出莎士比亚的戏剧，比我们祖国的名剧《捉放曹》都要戏剧化好多倍。

《人民日报》为此撰文《依法治网要警惕歪嘴和尚》，文章说：

“两高”的司法解释，既是“授权”，也是“限权”，目的是告别依靠个人意志、行政命令的管控，将“依法治网”进一步纳入“依法治国”的框架。发帖少年先抓后放，公安局长竟是有案在身——几天来，甘肃“张家川事件”正在出现戏剧性续集。尽管当地政府表示公安局长的被停职与“少年发帖案”并无关联，然而，这前后几天的抓抓放放，无疑在消解政府公信力，而公安局长被举报、停职，也验证了一个说法，“打铁先要自身硬”。一个自身都犯法的执法者，很难让人相信，不会在其他事件上继续冒犯法律的尊严。在许多人看来，“张家川事件”之所以成为舆论焦点，除了对被拘未成年人的同情，更多地还与“两高”刚刚出台的打击网络不法行为的司法解释有关。作为这一解释施行后新近发生的一起相关案件，其处理结果如何，社会关注度较高。遗憾的是，张家川遭遇的这“第一只螃蟹”，把少数执法人员自己的嘴扎出了血。被拘留少年杨某事后表示，今后在网络发言“要经过大脑思考，不能太情绪化”，这让人欣慰。毕竟，没有犯罪不等于没有违法，没有违法也不等于没有错误。这也是孩子应该记取的教训。而对于当地执法者来说，在汹汹抓人、匆匆放人之后，又有哪些教训值得记取？民间有个说法，“经是好经，可惜让歪嘴和尚给念歪了。”“两高”司法解释明确了网络诽谤、寻衅滋事等不法行为的适用条件，对一些法律模糊地带做了清晰界定，具有很强的现实针对性。它既是“授权”，也是“限权”，目的是告别依靠个人意志、行政命令的管控，将“依法治网”进一步纳入“依法治国”的框架。但少数地方的少数执法者未能准确把握这一解释的精神实质，滥用法律赋予的权力，甚至将其作为拒绝舆论监督的手段。这样的做法无疑是十分错误的。

没有政府的法治化，不可能有国家和社会的法治化。古人说得好，“奉法者强则国强，奉法者弱则国弱。”对于执法者而言，要求别人守法，自己先要守法；要求别人做到的，自己先要做到。试想一下，如果执法者心无敬畏、目无法律，人们的法治信仰如何建立？如果执法者刻意曲解法律、甚至以法律名义践踏法律，执法者的权威公信又从何谈起？这也是为什么几名上海法官集体嫖娼事件会让全社会如此震惊痛斥，更是为什么党的十八大强调“法治思维和法治方式”，为什么习近平总书记告诫“执法者必须忠实于法律”。

在不少公共事件中，我们看到一些地方先是自信满满，后是灰头土脸；先是无所忌惮，后是紧急灭火，对党和政府的公信力造成伤害。究其原因，不外乎是在“土皇帝思维”的左右下，要么无视法律、要么曲解法律。在这个意义上，依法行政是执法者自身守法、公正审慎的必然要求，这是提升执政能力的重要一步，也是真正对党和政府的公信力负责。

张家川自“谣言事件”发生以后几无消停。微博网友们由正常的案件讨论慢慢升级为对这个陌生现场的“网络了解”。

> ○ 首先他们“发现”这个国家级贫困县竟然有非常豪华的办公大楼，其次是“发现”这个县级政府的会议室非常阔气，继而又“发现”这个县城的某些领导还有一些“故事”，而这个“故事”至今还未被了解；更重要的是他们发现了这个“自杀者”的案发地，某娱乐场所竟然是官员的亲属所经营的。这事一扯起来，就没法收拾了。

其实，本质上说，这是一次由网民掀起的报复性的“扒皮运动”，公众愤怒的不是打击谣言本身，而是打击谣言的边界已经被地方上的一些领导曲解到失去底线的状态——一个孩子的话语总有他的不妥之处！

网络的凶悍，在张家川事件上，只是一次偶然的“发挥”，但如果职能机构对网络传播（尤其是微博传播）格式依然抱着漠视的态度，那么下一个张家川一样还会发生。

因此，我建议政府各大机构，都要全面重视新媒体传播的变异，尤其要重视这个传播中的社会学、心理学、传播学、政治学。它很简单，但也很深奥！

“临时共性”与“临时速配”

大量微博事件传播特点都是“临时共性”与“临时速配”。这些事情和其他事情一样，你有组织也好，你无组织也好，微博人群都是“临时结构”的，在人人结构中，各自被某一种情绪触发，愤而表达了自己的情绪，在作出了自己最自然的行动以后，这个事情就会在他的大脑中消失，很少有人会为此坚持和执著，也不可能抓住这一事件成年累月揪住不放。大家都还要吃饭呢，情绪完毕，各奔前程。

我们把“临时速配的群体聚合”和“人人结构的临时共性”搞清楚了，基本上也就把整个微博的社会心理学和社会行为学根基找到了。

“人人”≠“人群”

微博传播，主要基于“人人”而不是“人群”。

这里要特别解释一下“人人”和“人群”的区别。

“人群”的正常解释是“成群的人”，而“人人”的释义是“一个一个的人”。关于人群的特点，《北齐书·文苑传·颜之推》有言：“方幕府之事殷，谬见择於人羣。”而关于人人的特点，《孟子·离娄上》说：“人人亲其亲，长其长，而天下太平。”

由此可见人群结构和人人结构，对社会的作用力是不一样的。

从传染病学上可以窥见“人人”和“人群”的分野。**就传染特性而言，人群是有“易感性”的，而“人人”的特点是有“免疫性”的。**本质上说，传染和传播的特点，大致是一样的。也就是说，在群体中，情绪和感冒一样，都可以传染，而人人结构上，这一点很难。

人群，是一个简单的词，但是人群又是一个复杂的词。东西方无数哲学家和心理学家都曾经和正在研究“人群”这个概念。

诗人歌德、哲学家古斯塔夫·勒庞（Gustave Le Bon）、《市场、群氓和暴乱》（*Markets*，*Mobs*，*and Mayhem*）的作者——高盛集团的高级董事罗伯特·门斯切（Robert Menschel）、纳粹宣传部长戈培尔、剧作家莎士比亚、中国古代的圣人孔子和变法家商鞅等都曾经深入地研究过“人群”和由人群构成的“群体”。

人人，和群体的区别就更大了。

“人人”的特点，是“散聚的”、“临时的”、“无归属感的”、“无一致性的”、“难以规范的”、“没有标准的”。

“人人”的最大思维特色是“我以为”，而“群

体”的最大思维特色是“组织上说”。一个是“我的”，一个是“他的”。“人人”是一个人对另一个人的“共性行为”，难以形成制约，是无组织的。群体，是大家都尊重组织安排，有认同感和归属感。

人人，只遵从自己的内心，即使是同样为一件事忿忿不平，它也不顺从群体情绪，只遵照自己的内心行事。

作个形象的比喻，在同样一个剧场里面，同样是一千个作为接受者的人，一种是开大会，一种是看演出。以开大会的形式聚集在一起的，是“群体”；而以看演出的形式聚集在一起的，是“人人”。

比如说这次引起巨大反响的“打击拐卖，拯救童丐”集体公益行动事件，这个事情最值得研究的地方，就是“临时共性”引发的“群体聚合”。

自于建嵘教授在春节前发布救助乞讨儿童的帖子以后，2011 年 2 月 4 日，著名作家@孔二狗 发表了一条微博：

@孔二狗：我姐的朋友 2001 年带着孩子去峨眉山玩，4 岁半的孩子莫名失踪。这对夫妇班都不上了，疯狂的全国各地找孩子。于 2006 年终于在深圳找到。这个孩子在深圳乞讨，他的舌头已经被割掉，胳膊被掰断弯到了身后，腿被截断。这孩子见到父母，眼泪流了下来，孩子还认识父母。警察叔叔，你们能关心一下乞讨的孩子吗？

随后，2 月 5 日下午 4 点，著名作家@慕容雪村 也发表了一条微博：

@慕容雪村：多年之前有一对夫妇，他们的儿子不到三岁就被人拐走了。几年后，他们偶然见到了一个小乞丐，他瞎了一只眼，一条腿从膝盖处被砍断，正坐在庙前乞讨。也许是出于天性，那母亲一眼就认出了自己的孩子。更悲惨的还在后面：他们计议良久，最后什么也没做，就把孩子留在了那里，留在他几乎注定要夭折的命运里。

这两个帖子在微博上引起了巨大反响和各路人马的不同思考。

孔二狗的微博，在发表后不到一天的时间里面被转发了 52 000 多次（日前已经达到 63 522 次），评论总数已达 17 865 次。几乎所有参与评论的人，都怒不可遏地表达了他们的愤怒。

慕容雪村的微博一样引起轰动，很多人看到这条微博后都因悲痛而失声，帖子后面无数的问号和感叹号掺杂着各种各样的情绪，于是一个声音喊了出来："帮帮孩子吧！救救孩子！"

直到此时，大家才想起社科院教授@于建嵘 先生曾经在春节前夕在微博上发布的一个号召，而后其他网友以微博的形式发布的倡议书又进一步起到了推波助澜的作用。

微博传播者的四种身份

除了上述分析的"多边协同"和"临时共性"以外，传播者的传播身份也是值得研究的一个重要区块。

纵观微博打拐救孤行动，上百万人的参与，其中必有一些隐形的传播结构和传播逻辑。

人的环境，就是社交环境，社交环境的构成基于传播，而传播的重要载体必然还是"人"，因此，研究事件传播中的人的结构，是我们探知微博传播链的重要一环。

"打拐救孤"有几个重要的人物必须提到：其一，发起者于建嵘；其二，推动者孔二狗、慕容雪村、邓飞等；其三，扩散者张欧亚、李承鹏等；其四，无数网友。

这四个构成，连在一起，就如同一个社交帝国。百万量级的群组，为一个共同的事件而努力。其中，专业化地划分出来，无外乎四种身份：而这四种身份，我们可以尝试用“爆竹”来比拟一下：

1. **推客**（生产爆竹的提议者，提出并发起一个行动。）
2. **点客**（拿着火柴的点燃者，价值观的倡导者和行动者，点燃。）
3. **导客**（爆竹上的引信，世界观的推动者，将燃点带向爆竹内部。）
4. **受客**（鞭炮链，爆竹火药的承载者，在一个事件的推动过程中树立并建构自己的价值观和世界观。）

推客的作用，将一个本来隐藏的事情提炼归纳出来，然后做出一个“个体提议”，期待各路“群体”参与其间。于建嵘在“打拐救孤”行动上的作用，就是将一个“呼救”的信息进行于氏加工，推送给他的十几万粉丝，然后又让这些粉丝进行交叉扩散。

点客的作用，就是用自己的价值观来判断并点燃这个事情，点燃与否，就看“点客”本身的“燃点”是否具备“点燃爆竹”的能量，这个能量，跟驾驭文字的能力有关，跟植入价值观的能力有关、跟触动群体情绪的能力有关。例如，孔二狗在 2011 年 2 月 8 日的帖子，终于将全国各地的“平安系”（微博上的公安微博）给激活，并在短时间内都介入到“打拐救孤”的行动中。

@孔二狗：政府一定得把“打拐”一事作为工作重点了，否则执政能力肯定要受到人民的质疑。现在公信力真的降低到冰点了，老百姓的宝宝丢了，第一时间想到的都是去找@于建嵘 @邓飞，期望他们解决问题。可这俩爷们儿就算累死了，能有多大的本事呢？能解决多少问题呢？别让“人民警察爱人民”一词真的写进历史书。

导客的作用，是将“点客”的“燃点”进一步导向事物的内部，去碰触更深层次的变化。张欧亚正是以自己的一条转发，将打拐救孤带向正题的。

> **@张欧亚：**我们仍然应该清醒并理性地认识到，解决中国拐卖儿童问题最终必须通过立法和有关部门切实行动……V博力量是唤醒他们的良心，这里所指“他们”应该主要是“有关部门”，仅民间力量尚难完成，最终必须通过国家机器来完成。

正是张欧亚转发的推动，国家相关职能部门纷纷介入，即将参与两会的许多代表都纷纷表示要在两会上对此提案。其他“大V”也是一再呼吁国家干预，让更多的孩子回到母亲身边。

受客的作用，就是“被点燃者”，这个群体的临时共性一旦被激活，群体的力量爆发就是一个很大很大的爆竹群。他们炸开并将这个炸开后的内部信息全面扩散。扩散的边界大小，决定着这个事情生发的大小。

从传播学的角度去看，微博上细分起来，会有各种各样的传播接力者。

传播，就是“人的接力”

在新浪微博上，一个帖子的形成及远行，大致需要以下角色：

1. 发布者；2. 阅读者；3. 旁观者；4. 喝彩者；5. 围观者；6. 推动者；7. 关键人；8. 内行人。

发布者（也就是推客）

发布者大致分来，有三种发布行为。1. 述说型发布；2. 发现型发布；3. 代理型发布。

述说型发布，大致是自己所想所念，比如说自己今天思考了什么，比如说自己感慨了什么。这类的发布者，大多是自己的主观意识比较强的人，其典型特征是“我以为”或“我认为”的模式，是“我中心”的模式。

而发现型发布，大多是附带现场照片的，是见证或目击的模式。这个模式的传播力最强，也最有说服力，是典型的“他中心”。

代理型发布，基本上是“官方微博”的代理形态。要么就是申明性的，受某某委托之类。从传播力上看，代理型发布的传播力最弱，基本上基于直接情感的依托。这种发布的特色是“我们的”，或者“他们的”，是“公共中心”。

发布者是微博生态的核心，是所有事件的“发轫端”的起源，是信息源，也是信息垃圾场的肇始端。

善于运用发布的人，很少制造垃圾信息。而微博生态的主要氛围到今天为止依然还是垃圾信息为主的大氛围。

这是基于“出版”的“人人化”而造成的。早期的“出版”都是首先进行“信息加工”而后才会“谨慎发布”的，现在不是，现在的发布环境已经不再是“加工优先”，而是“发布优先”。也即，不管是否合适，先发布了再说，如果发现是不合适的，要么经由微博管理层删除，要么就是作者（发布者）本人删除，而更多无伤大雅的垃圾信息，是没有理由删除的。因为大家都主张“言论自由”，至于是否违法，也依然遵循“先发布后加工”的程序。

出版成本的消失，是垃圾信息泛滥的主要根由。

喝彩者（点客，拥有自己健全价值观的人）

喝彩者，是个很有意思的群体，他们首先就是追求热闹。不管对方说的好坏，只要“有点意思”就进去喊一嗓子。他们好事，添油加醋，或有中肯的，但大多都会将一条微博的主题带向另一种情绪。

喝彩者对一个帖子的传播总会起到影响作用。

如同我们看京剧，唱到关键处，图的就是那一个范儿，一声叫好。京戏走到关键处的时候，可别小看了这一声“好”，台上台下都会因为这一声叫好而进入一个高潮，大家都来劲了，相互卖力，把一个个历史的桥段，转化为今日的悲喜。

喝彩，是需要关键人的，我们将这个关键人叫做“首席喝彩师”。一个戏剧情节的转换点上，一个情绪的临界点上，缺的就是“叫个好儿”，京剧就是，唱念做打，一个关键范儿做到位了，就等着大家“喊一个”。帝王也是，一个很烂的政策需要实施，其中必须要安排一两个桥段来赢取掌声，只要你鼓掌，不管这政策实行后会死掉多少人，它都会被这临场的掌声给推向落地。那著名的奸相和珅，干的就是一个“喝彩”的买卖，而且是“首席喝彩师”。凡他喝彩了，其他大臣也不好当场翻脸，一项恶法，就这么莫名其妙地被执行下去了。一个精明的皇帝，总会在他的左右豢养一两个弄臣，而弄臣的主要任务就是“带头喝彩”，从心理学上诱导“群臣”在无意识中“点头同意”，并由此把一个混蛋政策颁施下去。

微博也是如此，在一个观点对错与否还没有被完全弄清时，一个具有一定声望的人跟进去大喊一声好，跟随后面的人，也便稀里糊涂地应和了。微传播当中的“首席喝彩师”不一定是托儿。能胜任“首席喝彩师”的人需要三个前提：粉丝很多，公信力很好，是“内行人”。“托儿”是达不到这些要求的。**真正的“首席喝彩师”懂得珍惜自己的羽毛，他需要对自己的评判负责。否则，众多的粉丝迟早会“弃他而去”。喝彩是有段位的。**

那“喝彩”和“鼓掌”的传播心理学原理在哪里呢？人，是喜欢从众的，第一个人翻越跨栏，后面就会跟随一大群人。在群体环境中，带头鼓掌会立刻引起群体效应，如，足球场是进球者自己带头、演唱会是兴奋点低的人带头、领袖演讲是马屁客充当“首席喝彩师”。掌头一开，后面的难免不“爱如潮水”。

推动者（导客，有完整的世界观和公共价值观者）

推动者一般都有一定的经历阅历，能够准确判断出“信息毛坯”的对错好坏是非善恶，他们要么不发表观点，要么就直奔信息的内核，并能准确提炼出事件本质上的引爆点。他们要么是被信息本身所触动，要么就会带上自己的个人目的。他们是决定一个事件大小的关键人之一。

关键人（既可能是点客，也可能是导客）

关键人，一定是有很深的社会阅历，并对社会、对人性、对善恶是非有着自己深刻见解并同时拥有一定影响力的人。他们一旦对一个“信息毛坯”进行了“深加工”，这个信息本身的性质就会被他定义，并影响到他所能影响的全部的人。

内行人（对事物本身有深刻经验的人，介于点客和导客之间）

这类人一般言辞客观，只从“内行角度”对“信息毛坯”进行必要的专业加工，这种加工，大多数情况下是不掺杂个人情绪和个人观点的，他只对事情本身说话，并且会对自己所说的负责。

阅读者（受客群之一，基数庞大）

阅读者，在微博上，就是“粉丝”。你订阅了谁，就意味着接受这个人所发布的任何信息，包括非他本人原创的“转发信息”。

在新浪微博，阅读者大致分两种：一种是静态阅读，不评论，不转发，只是阅读；另一种是动态阅读，是既阅读，也评论，甚至转发分享给自己辖下的粉丝群。

阅读者根据自己的社会嗜好来选择被阅读者，同时也会根据偶然发现选择微博上出现的适合自己文化审美的“作者”。

阅读者普遍是带着自身的社会身份来优先选择“熟悉的人”或者“听说过的人”的，比如因《武林外传》出名的姚晨，比如以“地产怒汉”著称的任志强。这也就是为什么“社会知名人士”的粉丝比普罗大众多出许多的重要原因。作为微博后来者的郭德纲、周立波的粉丝群暴增，大多是因为这个“社会名气”而形成的。其余的“不知名者”，在微博上聚拢人气，就需要靠自己一点一点的“积累”了——找到与你文字有缘的人。

旁观者（受客群之二，基数庞大）

旁观者群体，算是这个社会最冷漠的群体，他们巴不得这个社会每天都出些大事，以便他们无聊的时候打发时间。他们没有感情，没有态度，没有行动，唯一的任务就是旁观。站在一旁，看着，在内心期待事情向着最意外的方向发展，他们期待着意外，他们等待着传奇，他们在旁观中构思各种可以演说的戏剧，然后他们会在某个时候带着这些旁观来的信息，在一些闲散者聚集的茶馆，去贩卖他们刚刚获取的信息。他们只是想获取一种“在场的满足”，只是在收取“那个事情我知道，那个事情我目击，那个事情我亲眼所见，当时的发展是这样这样这样的”的快感。

其实这个世界真的有很多人血馒头，在旁观者的眼里，他们只是一种食物，他们张开没有牙齿的眼睛，大肆喂饱自己冷漠而麻木的心。

微博传播中的“旁观者”，是“阅读者”的泛化群体，他不一定是你的“订阅者”，也不一定是“被订阅者”的“订阅者”。他只是网友，一个随处溜达的“闲逛型”网友。他不断打开其他人的时间轴，不断寻找他所要猎取的信息，他随意点开任意一个人的时间轴，然后进一步点击，去浏览并旁观。

尤其是当发现有人在微博上吵架的时候，他一定会驻足，不断刷新，去观赏每一个人对吵架双方的各自评价，犹如之前很著名的“当当李国庆”大战自称摩根士丹利员工的“大摩女”事件，估计微博上有一小半的人都知道这个著名的吵架事件。

围观者或许并不想知道投资机构和创业公司之间到底发生了什么矛盾，他们只是想看看牙尖嘴利的双方如何展开你来我往的口舌之斗。

旁观就是好玩，就是打发，就是在别人的无聊中打发自己的无聊。

围观者（受客群之三，基数庞大）

围观，是由“旁观”派生出来的。

围观与旁观的最大不同是情感。旁观，基本上是毫无情感的，只是好奇，只是满足自己的猎奇心理，只是去体验那个“人血馒头”，旁观者有时候更喜欢带着欣赏者的姿态去观看别人的暴力和血腥，如同去电影院看一场张彻①的电影——把血腥看成一场人间的浪漫。

旁观者在目前的现实生活中越来越多，比如车祸现场，比如街头抢劫，比如大街上的扒窃等等事件，即使当时是很多人看到，那也只是旁观者，毫无反应地冷眼相看，打死都只有一个心态——事不关己。

而围观者的姿态与旁观者就大为不同，围观，最大的一个特点是在围观者的眼睛中有情绪，他们可能无声，但他们一定会用自己的眼神来表达谴责。

综上所述，微博传播，一定是有规定的格式的。即使这个规定是“无人规定”。

其实，几千年来，从谣言开始，它就形成了自成体系的“传播格式”，只是无人研究，没人洞察。

传播的核心是人，传播的爆发力是内容，传播的速度基于工具的发达与否，但无论什么样的工具，都离不开“人的作用”。

传播，从古至今，就是一个接力，既然是“接力活动”，那么，其中的每一个环节，都是清晰的，不可更改的！

因此，谣言的传播格式和微博“人媒体”的传播格式，就在这一章体现了。

---

① 张彻，著名电影人，香港影坛最有影响力的人物之一。香港人把他称为“香港电影一代枭雄。”——编者注

05 微博的传播力，从声音到质疑

@杜子建

假设十三亿人中的每十个人当中有一个开微博的，那就意味着整个中国的每一个角落都有一个“在场者”。“在场”，是微博自证的最大利器，这也就是谣言无法生根的重要根源。

传播力不等于影响力

我个人认为传播力不等于影响力。但在公共社会，这两个概念是容易混淆的。比如《新闻联播》，它的传播力在世界范围内都属于巨大的，而且在政治经济文化领域，它也由于自身传播力的巨大而形成属于政府乃至国家范畴的影响力。有些海外智囊机构甚至拿央视新闻的微妙变化来预判国家政策走势，由此可见其影响力之大。

但同样是传媒，同样是传播力巨大的《超级女声》和《非诚勿扰》，它们就无法用影响力来定义其社会属性。严格地说，它们只具备传播力，而无法形成影响力。

影响力的本质应该是：以某种可接受的方式改变他人的思想和行动的能力。而传播力的本质只是通过大家乐于接受的方式传播某个人物或某个事件的能力，它对接收者的价值判断、思想、行动都不构成改变的力量。

就个人而言，毛泽东、马丁·路德·金这样的领袖人物是具备影响力的，他们运用自己的智慧或德行来改变他所能改变的人，而憨豆先生、小沈阳等人，虽然知名度一样不小，但依然只是局限在传播力范畴，他们可以扩散某种文化，但他们的扩散不足以产生对另一种文化的冲击，而具备影响力的人，则会对某种落后文化造成文化冲击。

另一个简要说法是，**传播力只具备文化传播的本质，而影响力却足以冲击甚至改变某种文化。**

因此，探讨微博上的传播力和影响力，对集体，对企业，甚至对社会发展的未来趋势，都会有一定的参考意义。

微博上，具有影响力的人物并不少见，比如李开复，他的微博经常会发挥必要的正能量来引导年轻的创业者，同时，他还会根据自身的经验学识，帮助年轻人对某些社会事件、商业事件做出准确判断，并由此改变自己的创业构想。比如：

@李开复：给创业者的建议：1. 重视用户体验，不要过于复杂；2. 跟踪调查用户行为，不断优化体验；3. 大部分人常用的服务只有 5～7 种，让你的服务成为这 5～7 种；4. 和你信任喜欢并能互补的人一块儿工作，并放权让他们做他们擅长的事；5. 选择投资者，不能只看估值；6. 与投资者利益结合。

这样的文章，对创业者无疑会产生启发和指导意义。

而同样粉丝群巨大的主持人谢娜，就很难产生改变或指导他人的“影响力”。明星类的帖子，更多的是在通过传播力告诉大家，他们正在玩什么，而领袖类的帖子一般都会在告诉大家，他正在思考什么。

微博信用链，你盖章你负责

在微博上，在互联网上，无论是涉及传播力还是影响力，你都无法回避“信用”这个词。信用，是传播力的核心，也一样是影响力的核心，如果你的信用地位没有建立，无论你传播什么，它都会事倍功半。相反，如果你的信用基础构建完备，那你的传播力就会在时间轴和空间轴上发生巨大的量变。

微博的信用，构成了个人品牌的一个指标——信用值。

“微博信用值”的分配，也就是“转发”他人信息时所附着的个人信用标签。当你转发他人信息时，你就会在转发中附加你的“信用指引”。其实，对于不确定事件的转发，是有信用风险的；这个风险在微博上已经发生过多次并产生了一定后果。从这个角度看，这个词应该叫“转发信用戳”，是一种“我盖章”的表态，这个表态，是要“负责”的。

任何人对他人微博的每一次转发，都是自我信用的一次支出，支出合理，信用值就会提高；而支出失误，就会发生信用透支，其信用值就会下降。“中国牙防组”的信用，就是这么一次又一次被透支掉的，其他案例还有很多。

“信用戳”的作用，是非常大的。就像我们买西瓜大多会购买带叶子藤的西瓜一样，西瓜能否顺利卖出不取决于西瓜本身，而取决于西瓜是否有那片“新鲜的叶子”。这个“叶子”就是西瓜的“信用戳”，是某种“信用背书”。微博的道理一样，有时候，帖子本身的作用小于“信用戳”。你盖章你负责，并由此发展，形成你自己的“信用关系链”，“信用戳”用好了，关系链进一步扩大；“信用戳”用错了，关系链就会自动缩水。

微博信用的建构，犹如人类社群历史的建构。在微博发端之初，每一个个体的信用，都是需要用微博行为来完成的，即使你在现实社会中本就是个名人且拥有一定影响力，但到了微博上，还是“是驴子是马拉出来遛遛”的，这也就是很多“名人”离开微博的主要原因。而另外一些草根网友，本在现实社会中籍籍无名，但正因为他们在微博上诚心诚意地完成自己的每一条微博，认真对待每一次信用考验，才慢慢声名鹊起的。

微博，是个体信用和集体信用的试金石。没有人能蒙混过关。很多人马失前蹄，都是因为微博超强的“自证功能”。想想，上亿人的集体舞台，什么样的“内行人”不在其间？因此，在微博上进行“信用造假”是非常危险的。

微博网友已经越来越认识到信用建立对网络的好处——信用越高，传播力和影响力越大，影响力越大责任越大。

纵观整个微博发展，两年多的用户积累，我们大致可以窥探到用户信用的五个层级，它们粗略地分为：

1. 行为信用；2. 能力信用；3. 地位信用；4. 资本信用；5. 价值观信用。

行为信用

行为信用，大多是通过自己的行动力来完成的，如同大草原上的雄性狮子，它必须依赖自己的行为来建构信用。征服，是狮子建构信用的唯一手段。暴力行动，是建构基础信用的最根本环节。一个朝代的更迭，它最初的信用建构同样依赖暴力来构建行为信用。如同很多“草根名博”，他们没有其他任何资本可以动员，只能靠自己的行为——不断收集整理冷笑话、段子、星座信息等内容来建构自己的信用关系链。冷笑话就是冷笑话，不能轻易转变到星座学，否则他的信用网就会溃散。

而另一种征服，就是打架，为自己的帖子打架，为朋友打架，这样他所采取的暴力信用（江湖信用）也会慢慢建立起来。

第三种行为信用就是去行动，比如说赈灾，比如说探访，比如说救助。这类的行动，也是征服微博、建立信用的重要手段。**但行为信用的脆弱性在于，它是禁不起下一个行为的颠覆的，一次不慎的颠覆，就足以让行为信用一扫而光。一次误会，都可以伤害甚至损毁到信用的关系链。**

在动物界，狮子的唯一信用就是“行为信用”，它需要呵护自己的粉丝群，以保证它们不受外敌的侵犯，它需要把这种责任强化到极致，否则它的地位就岌岌可危。狮子的领导力生态，全部都是通过“行为信用”来完成的。它可能最倚重的就是情绪和暴力。狮子们最开始的领导地位，都是通过暴力来完成——以粗暴的声音向老一代领导人宣战，然后用拳头来证明自己的实力。苍老的狮子如果在暴力上无法支撑，就得乖乖地让出领导地位，并把自己的粉丝群和盘交托给新领导，而它自己只能流落荒野直至死亡。这就是丛林法则的全部。

行为信用的残酷之处就在于，你得完全靠个体暴力来决定自己的领导地位。

微博上的基层生态圈一样如此，在智力结构不完整、或者心智不健全的人群内，江湖的那套血酬定律就会发挥巨大作用，江湖的法则一如丛林的法则。基层生态系统大多喜欢使用文字暴力来博取眼球，他们会骂人，毫不客气，完全以类似狮子一样的“行为信用”来巩固自己的粉丝领地，他们很少使用别的手段，除了不断的掀起战争，他们一无所能，他们清楚，如果他们放弃骂人，他们的地位就会一落千丈。

能力信用

能力信用，涉及到智力信用，它关乎知识、经验、阅历、行业专长等结构。能力信用的表现形式是：这个事情我可以做，也应该做。我做就会比别人做得更好，因为我懂得，我可以，我专业。这一类，包括了医生、心理师、汽修师、电脑工程师、设计师、导演、演员等。**他们以自己的专业能力来建构自己的信用关系链**。能力信用的脆弱性也是经不起自己折腾的，如果在专业问答方面出错，下一次的信用建立就会多打几个折扣，同时能力信用也一样经不起误解和失误。

能力信用的最初标本应该是大猩猩这一类型的灵长类动物，它们开始逐渐脱离单一的行为（暴力）信用，而是更多地采取经验或智力来建立自己的统领体系，正常情况下，暴力依然是它们的第一选择，但智力个案也开始在灵长类动物身上发生，某些族群的“头”未必是最强健最能施暴的，群组力量或者说集体力量可以改变大猩猩群体中的个人英雄主义；它们已经开始拥有族群关系、社会关系及家庭（血缘）关系，这一关系构成的群体力量可以对付个体强大的外来侵略者。而这个群体的组建，需要一定的“思考”来支撑——它们需要合理的调配力量来完善生存环境，迁徙或觅食，以及偷情。

微博上的“能力信用”目前均显现在“行业知识范畴”。比如说医生的粉丝群、律师的粉丝群，都是基于对专业知识的需求和仰慕而产生的。

地位信用

地位信用，是在自己已有的能力信用基础上的一种升级。我能做好这个，并因为我能做好而已经实现了成功，进而获取了自己在这个方面的地位。这一类表现最为明显的就是IT名人和地产商，如李彦宏、马化腾、周鸿祎、李国庆、潘石屹和任志强等人。

地位信用，是具有一定的信用基础的，它不像上面两个信用级那样脆弱，一次两次的信用误解，是难以对它造成伤害的，除非发生一次较大的失误，否则，地位信用的基础很难在一两件事情上被摧毁。地位信用是以“专业”和“严谨”为基石，也是相对较理性、较长久、较稳固的一种信用关系链。外行话、违背常识的、违背科学的、不靠谱的“伪专业能力”微博，因其容易被识破、被检验而会丧失建立信任体系的一切机会。

资本信用

资本信用看起来像是财富信用，但本质上，财富信用只是资本信用的一个分支，比如美丽就是一种资本，看那些国色天香的人的微博，你就会大致明白这一点。占有某种资源的人，也具有相当的资本信用基础，比如微博上的管理员、权威管理部门的人。当然，拥有巨大财富的人，就更加具备资本信用了。大体上说，资本信用分为天赋资本、财富资本、权力资本和知识资本等。

资本信用有“情感崇拜”的因素在其中，“迷恋情结”在这一信用关系链中体现得比较明晰，也正基于此，“资本信用”在微博上的基础非常扎实，偶然的错误甚至是故意的错误都不会损害它。因为资本信用本身具有相当的社会积累，而这种积累会跟随当事人随处流转。再有一点，拥有资本信用的人，内心都相对强大，在一两个小问题面前，他们一样会气定神闲，这也就给资本信用增加了厚度。

价值观信用

价值观信用，是微博上最高层级的信用，这个信用构成，比以上任何一种信用都来得扎实和坚固。它不累于名、不求于利、重在价值，分清善恶、看清对错、厘清是非，辨清真假，为济世惠民不惜嘲弄权贵，为传道解惑不惜得罪亲友。目前的微博上，这样的人还算寥寥。毕竟，微博是俗众世界，人们大多忙于人情世故名利情仇，能做到如此俗世独立横绝苍生者，非凡夫所能企及。

目前的微博，虽有一二大家偶露峥嵘，但还未出现振臂扛鼎、领袖群伦的大丈夫。

可以期待的是，目前微博上已有个别人物具备此等雏形，假以时日，待微博用户两亿三亿之时，很难说不会出落一两个千古奇人。

无论以上哪种信用，它都需要一个工具，传播。信用值的传播，其实也就是声音的传播——个体表达的传播。

声音，影响力的终极体现

关于传播，最早最原始的传播，都是从声音开始的。**声音的传播，是影响力大小的终极体现。**

无论你使用什么工具、动用什么资源、配备什么手段，只要你能发出声音并能占领更多的耳朵，你的影响力就会发挥力量。

从最早我们人类发明以牛角和海螺为号角的“扩音器”，到后来的报纸杂志、高音喇叭、收音机、重金属音响、电视机、手机、互联网等通信工具，无不为了“释放声音”而绞尽脑汁。

微博，其实就是一种发声的工具，而且是人人发声。

这在全球发展史上都是不可想象的。在人类几千年的文明发展史中，声音就象征着一种权力，或者换句话说，权力的核心就是控制声音——**我说话，你闭嘴。**

其实，在人类还未进化之前，在动物性的状态时，声音，就已经是权力的象征，比如狮子、老虎等。它们用吼声来统治自己的势力范围——**你声音的边界决定着你势力范围的边界。**你拥有多少耳朵，就意味着你拥有多少领地。**拥有声音的边界越大，构成的传播力也就越大，形成影响力的可能也就越大。**

雄性狮子，在对自己的粉丝们进行领导以及抵御外敌时，动用的就是声音的利器，它用声音来传播情感以及自己的情绪，并由此发挥自己的影响力以巩固自己的统领地位。

比如它要统领 30 头“雌性粉丝”外加 100 平方公里的领地，它就必须通过声音来表达情感、情绪，同时，它还必须通过声音来确定自己的信用。

微博上的“关注”犹如“眼睛”和“耳朵”的作用。腾讯微博对此的表述就很明确——关注就是“收听”，发表就是“广播”。你拥有多少粉丝，就意味着你拥有多少耳朵。当对方主动关注你的时候，就明确表示他对你声音的主动接受。这也意味着对你进行了一次授权，授权你拥有对他发声的权利。当你拥有耳朵的时候，你便拥有了对他构成影响的可能。当然，你的声音引起对方反感的时候，他也有权取消对你的授权。这中间没有契约关系。

人人都可以发声，也就意味着人人都拥有影响力。

在微博上，几乎每个人都有权建立自己的声音帝国。当然，根据各自的学识、见解、目的、阅历的不同，每个人帝国区域的大小不同。三个人是一个部落，三万人也是一个部落，数量上会分出高低。

人，是希望“鸣”的，跟鸟一样。

谁都希望以声音来证明自己的“存在”。人，害怕孤独，更害怕异化。因此，更迫切需要外化的东西来证明自己“存在着”。

我们人类的外化识别大致有三种：形象、气味和声音。形象的外化传播主要是通过“在场”以及“虚拟在场”来完成的。气味的传播，是“必须在场”。唯独声音，是既不需要“看到”，也不需要“嗅到”，它只需要通过“听觉”就可以感知到。而“实现听觉”的成本，是人类外化的最小的成本。比如迈克尔·杰克逊的CD，即使他远在大洋彼岸，你也只需花上几十块钱便可以与他完成零距离的对接。

基于现代科技的发达，传声筒类的东西越来越便宜，也就是说，我们通过工具来完成传播的成本越来越小。20世纪50年代的村干部，要想对生产队的几百号劳动力发布劳动命令，就必须通过挂在村头大树上的高音喇叭来完成，否则要是让他一家一家地去通知，那个通知成本就太大了。那时候，每一个村庄，都有一个集体声音的统治者，他们的传播技巧大多是挂着羊头卖狗肉：“毛主席教导我们说，千万不要忘记阶级斗争。东风吹战鼓擂，今天的任务是挑灰。”

火热年代有火热年代的传播方式，无聊年代有无聊年代的传播方式。

人，在追求懒惰的投入上一直是绞尽脑汁的，这也就是互联网诞生的根本原因——**让你零成本地向更多的人说话、发声。**

就历史发展而言，谁控制了声音，谁就掌握了话语权，谁拥有话语权，谁就拥有了推动历史的能量。康熙是个帝王，奥巴马是个帝王，比尔·盖茨和扎克伯格一样都是帝王。因为他们都是声音的控制者。他们超越常人的独特之处就是“掌控着声音的帝国”。

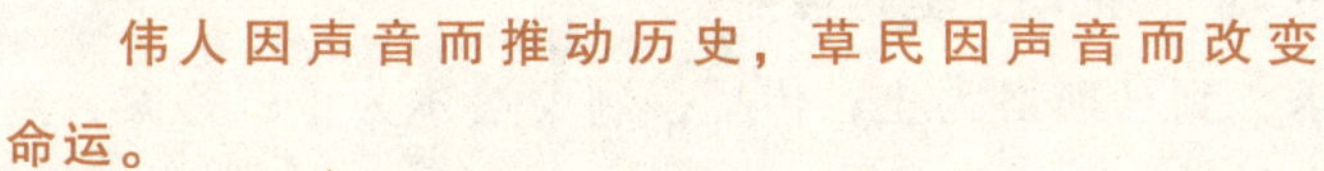

伟人因声音而推动历史，草民因声音而改变命运。

张艺谋的《秋菊打官司》打的是一个声音，360周鸿祎开骂，骂的是一个声音，微博上的钟如九求助，谋的也一样是一个声音，一个能向公众发出的“被听进去的声音”。

因为，伟人也好，流氓也好，他们都清楚一个核心——**声音，是一种力量。**

“推客”作用于传播力

只要你垄断了声音，你便真实地拥有了传播力。而在微博传播者的4种身份中，直接作用于传播力的，是推客。

说到推客，不得不先提几个历史人物，商鞅、姜子牙、诸葛亮、刘伯温、康有为，还有切·格瓦拉、马丁·路德·金、戈培尔等人。

↗ 推客，就是将某一事件或某一主张推动起来，推展开来，扩散开来的一种人物。他们大多是某个事件的关键人和“策动者”，如姜子牙、戈培尔。

下面，我们来看看这两个人，姜子牙和戈培尔的“推”。

姜子牙从无声到有声，是经过了一系列精心策划的。他需要声音，需要一个具有超能量的声音来帮助自己和周文王去影响九路诸侯一起造反。在这一点上，姜子牙跟纳粹的宣传部长戈培尔不谋而合。要想推翻一个时代，武器只是工具，声音才是手段——他是中国历史上第一个懂得“推”的人。历史，需要“推动”，推动，就是传播。

以前我说：“需求，到马斯洛为止；传播，到戈培尔为止；答案，到《周易》为止。”现在我得修正一下自己的观点：“需求，到马斯洛为止；传播，到姜子牙为止；答案，到《周易》为止。”

因为，从历史推进的时间演变上看，戈培尔只是姜子牙的异族弟子，是老姜的徒子徒孙罢了。

我们来看看姜子牙的身份轨迹，一开始，他只是一个杀猪的，后来他变成一个算命的，再后来是钓鱼的。由此转折，他变成了公务员，而后一路平步青云：从造灵台的建筑师到文化部长，从教育部长到宣传部长，从外交部长到国家总理，从军委主席到神。

姜子牙从人到神的一路攀升，其实都是基于一种自我推广的技巧——巧妙地发声。你看他到最后，在封神的时候，他并没有给自己一个神位，按常理，或者按照《水浒传》的逻辑，他姜子牙怎么也得混上第一把交椅的。但恰恰，他没有。这才是姜子牙最高明的地方——“姜子牙在此，诸神退位”。

看见没有。姜子牙最高明的地方不是要一个位子，而是要拥有所有的位子，这跟非洲草原上的雄狮哲学是一个道理——**我来了，你滚蛋。**

姜子牙一路推广，一路升华，主要都通过一个手段完成——声音。最早他在菜市场用的是口碑传播；后来钓鱼，用的是事件传播；然后造谣苏妲己，用的是病毒传播；再后来求天作法，玩的是宗教传播；最后的兴兵伐谋，用的是暴力传播。姜子牙的每一次行动，都跟戈培尔所说的一样，把自己的声音玩到极致：

"我们的宣传对象是普通老百姓，故而宣传的论点须粗犷、清晰和有力。"

"真理是无关紧要的，完全服从于策略的心理。"

"我们信仰什么，这无关紧要；重要的是只要我们有信仰。"

"宣传的基本原则就是不断重复有效论点，谎言要一再传播并装扮得令人相信。"

"群众对抽象的思想只有一知半解，所以他们的反应较多地表现在情感领域。情感宣传需要摆脱科学和真相的束缚。"

"如果撒谎，就撒弥天大谎。因为弥天大谎往往具有某种可信的力量。而且，民众在大谎和小谎之间更容易成为前者的俘虏。因为民众自己时常在小事情上说小谎，而不好意思编造大谎。他们从来没有设想编造大的谎言，因而认为别人也不可能厚颜无耻地歪曲事实……极其荒唐的谎言往往能产生效果，甚至在它已经被查明之后。"

这才是最真实的政治。这才是最经典的"推"。因此，这两个人，是当之无愧的"推客的鼻祖"。

以上这些话，看起来是戈培尔说的，其实姜子牙在几千年前的《六韬》里面早就说完了。姜子牙的《六韬》看起来是一部“武书”，其实从传播学的角度去看，此人完全是把人类的弱点给全部研究透了，他写的其实是“文书”。他知道怎么做会产生影响，做什么会产生影响力。比如他说杀人，杀就杀牛逼的，杀那个可以达到敲山震虎效果的；比如他说奖励，奖就奖小的，奖弱势的，苦命的。这样做，一定会产生“巨大影响”：

> 将以诛大为威，以赏小为明，以罚审为禁止而令行。故杀一人而三军震者，杀之；赏一人而万人说（悦）者，赏之。杀贵大，赏贵小。杀及当路贵重之臣，是刑上极也；赏及牛竖马洗厩养之徒，是赏下通也。刑上极，赏下通，是将威之所行也。

从传播学的角度看姜子牙，你只能看到“可怕”两个字，如同看到戈培尔。但从不朽的角度看，姜子牙立德、立言、立行都玩到了极致，以致儒、道、法、兵、纵横诸家各不相让，统统追认老姜为本家祖宗。

微博上的推客，比比皆是，他们要么有自己的目的，要么就是天性“好事”，但更高级的“推广”，是具有一定公道心、公共情怀的人，他们大多会动用“路见不平”的公共情怀。

基于这个话题的敏感性，具体推客姓甚名谁，我就不具体指出了。其实，只要是玩互联网有过一段时间的，就会知道谁是推客。**或者换句话说，每个人的心中都有一批自己定义的“推客”。**

粉丝值决定传播力

关于微博传播力，微博上有一个共识，都认为“粉丝越多，传播力越大”。粉丝数标志着传播力应该是一个参数，但不是绝对参数。

我的观点是：**粉丝数不代表核心传播力，而粉丝值决定传播力。**

如果当初@姚晨 的800万粉丝当中没有封新城、刘春、老沉等具有传统媒体影响力的人，那么姚晨的粉丝数顶多只是个虚数。拥有800万粉丝的她的传播力绝对不会超过只拥有15万粉丝的@王小山 。在拥有巨大粉丝数的影视明星群体中，很多明星的影响力还比不上只有区区2万粉丝的草根网友们（如@作业本）。

这其中，有两个概念需要解释。

粉丝值

我在微博上曾经不止一次地提到过“粉丝值”这个概念，也遇到无数人关于什么是“粉丝值”的咨询。由于受微博140字的限制，无法展开讨论，这里倒是可以细说一下了。

1. “粉丝数”是指你在微博上“被他人订阅关注”的被关注总数。

2. “粉丝和”是指你在微博上的粉丝们的粉丝数相加的“和”。假定我只被三个人“订阅关注”，那么我的粉丝数就是3，但如果这三个人分别是@姚晨、@王小山 和@刘春，而他们的粉丝数分别是530万、15万、21万。那么我的粉丝和就是566万人。只要我的帖子被其中一个人转发，其传播的边界就不是我区区3个粉丝所能说明的。

3. “粉丝值”是“粉丝和”除以“粉丝数”得出的结果。这也就是说，我的粉丝值是566万/3＝188万多点。粉丝和越高，而粉丝数越低，其粉丝值就越大。

以此计算，姚晨的粉丝的粉丝平均只有 200 个，而刘春的大多数粉丝的粉丝平均有 3 000 个。这样，粉丝值的区别就非常大了。姚晨的粉丝值的计算公式是（500×200）/500。而刘春的粉丝值计算为（21×3 000）/21。这样一看，粉丝值和粉丝数完全就出现相反的落差了。也正因为如此，刘春的微博影响力实际上也确实大于姚晨。

也正因此，刘春所发表的帖子的二级传播远远大于姚晨帖子的二级传播。但是从单一传播数上看，姚晨的传播数看起来则比刘春的数值大许多。这个问题的出现在于，“转走”后的帖子的转发数没有被站方集中统计到可显示的数据当中。我转发刘春帖子之后的转发数，不再归到刘春的帖子“统计数”上了，而只是显示在我的时间轴上。

传播力上的网友层级（层级不代表阶级）

微博是平等的，任何人的任何身份，即使大家明明知道你是名人，都照样以平等的姿态对你，胆大的更会毫不客气地冒犯作为名人的你。

微博，最显著的一个社交特征就是“平等性”，你可以是“被官方认证”的有身份的人，但这也仅仅是个身份而已，网友不会在乎你所谓的身份，即使你是一个高级别官员，你要是说错话，他们照样骂你，毫不客气。而你能做的也顶多是回骂，或者忽视——在微博上你无法动用现实的权力。

但是从传播学上讲，网友的传播力，是有各自不同的层级的。不是所有人的传播能量都是均等的，其间的差别巨大，而且，大致上是可以分类出“传播差”的。当然，这样粗浅的分类并不具有权威性，而是尚存在争议、有待讨论的。

网友层级，大多不取决于你的社会影响力，而取决于你的微博粉丝数。因为，就传播而言，你所说的话的影响力，是以看到的或者听到的人的总数来衡量的。100 万人听到和一个人听到的传播效果自然不一样。因此，以“达到率”为标准，传播层级基本就可以区分了。

微博网友注册有先后，这个先后，会直接影响到你粉丝数的多寡，同时也更直接地影响到你的“粉丝值”。

但如果你在现实生活中的影响力已经注定，那么你的粉丝增长速度就会比影响力小的人快许多。歌星王菲（@veggieg）的案例可以做一个参考。

王菲进驻新浪微博的时间是 2010 年 4 月 4 日(比很多明星都晚几个月)。但在 9 月，自从她发帖“我就威武（V5），我还要 V 么?”这句，被人发现真身后，粉丝暴涨，一路飙升到 180 万。自此以后，她帖子的转发数就很少低于 2 000 次的。而其他明星，对这个转发数只能望洋兴叹了。

如果将注册时间少于半年的账号忽略不计，也就是仅对注册时间六个月以上的微博传播力进行考量，那么，根据粉丝数的差别，网友的传播力层级大致会有以下几级：

1. 一级，200 万粉丝以上的（转发数均在2 000次左右）；
2. 二级，100 万～200 万的（转发数均在 1 000 次左右）；
3. 三级，10 万～100 万的（转发数均在 500 次左右）；
4. 四级，1 万～10 万的（转发数均在 200 次左右）；

5. 五级，2 000～1 万的（转发数均在 80 次左右）；

6. 六级，2 000 以下的（转发数均在 20 次左右）。

以新浪微博“用户活跃度”为指标，活跃用户的在线率大概在 10%，那么，以上层级的“信息到达率”基本上就可以量化了。

传播环与传播伞

现在我们来探讨一个高转发微博的传播形态。一个高转发微博的“传播环”约为四轮，由轴心到外环的传播比大约是：二环 5%，三环 55%，四环 25%，五环 15%。其中，二环为粉丝转发，三环为粉丝们的粉丝转发，四环是粉丝们的粉丝加泛粉丝，五环是随机粉丝。原微博作者对二环粉丝基本熟悉，对三环粉丝有一些熟悉，对四环粉丝个别熟悉。

同时，在传播环中，传播力在二环，传播效率在三环，三环比重最大。五环是个长尾，交叉传播的比重会慢慢缓下来。第三传播环上的传播值，会给原微博作者带来活跃粉丝的增加。这个粉丝比大概在 5%，也就是说 100 个转发可能有 5 个新粉丝发生“关注”。第四传播环上，这个比例会大大降低。

帖子发表后的首轮传播峰值（以转发 10 000 次计）大约是 30 分钟之内的前 10 分钟或后 10 分钟；而第二轮峰值（第三传播环）在发表后的第 30 分钟到 300 分钟的区间内（爆发期）；5 个小时之后，会形成一个小长尾（衰退期），这个长尾的时间大概会延续 72 小时。

要想达到“高转”，必须有“大 V”参与，或者是有粉丝值极高的意见领袖参与其中。否则，一般性帖子，即使是“信息当量”很大，也很难转发超过 3 000 次。

我们要认识到，微博传播网络的“环”实际上是等级差异环，而非连通环！环的概念应该是连通的，但是在网络上，二环以外的环自身可能都是不连通的，如果环路连通，则没有中心存在的环境了！

另外，微博传播的特点也可以称作“传播伞”，是一个一个的“伞状连接”，每一个重要转发，都会形成“新伞”，而不单单是“新环”。如同连续的绽放的烟花，是伞型结构。而且，其中微妙的是各个环上会产生新的伞，而多数伞的出现又会接着构成新一轮的环，环伞相扣，就可以形成“高转”了。

“丑陋优先”，歪嘴巴说的都相信？

就传播学的心理结构而言，我们的大脑有一个奇怪的“优先系统”——**对严肃的事情我们质疑优先；对丑陋的事情，我们传播优先。**而对于真善美、高尚、爱、和平、关怀、给予、博爱类的情绪，我们的反应一定是比“丑陋的事情”迟缓半步的。这是因为严肃的事情难以激活我们的兴奋，而丑陋的事情总是能立刻激活大脑兴奋点。现在，你是否理解了诸如凤姐、小月月、hold住姐之类的事情为什么备受关注？不是炒作有问题，而是我们自己的“优先系统”在出问题。

我认为这个“优先系统”跟时代无关，跟人类的天性有关，或许还是从动物性那里延伸过来的，尤其是“传播优先”这个程序，是具有动物性特色的，同时“围观”和“怀疑”也是具有动物性特色的。

由“不相信”的问题出发去探究“相信”。我发现，我们的特质是“大嘴巴说的都不信，歪嘴巴说的都相信”。我们大多信八卦、信迷信、信星座、信传奇、信传说、信离奇的东西、信低俗、信小道消息、信秘闻、信绯闻、信丑闻、信反常、信非逻辑、信超常的。我说的你信不信？

我们走到了一个信用的十字路口。我发现，这个社会的主流气质是“我不相信”。我问我自己：联合国说的我信不信？奥巴马说的我信不信？CCTV说的我信不信？宣传部说的我信不信？日报说的我信不信？微名人说的我信不信？你说的我信不信？

我们“相信”的基本点在这里，所谓“机构影响力”对此束手无策。

我们好像由兴奋与否来支配自己的信任与否。一个离奇的事情，即使还没有去佐证，也是先兴奋了再说。在兴奋情绪下所作的第一件事情，就是传播——转达出去再说，至于求证，随他们去吧。而对于严肃的事情，我们就突然转变成天生的怀疑论者——不管你说的多么诚恳，多么符合逻辑，我先质疑了再说。

假如我们平时接收的信息不是主流信息，不是官方的声音，而是谣言，那我们的兴奋系统就会马上启动它的“丑陋优先”程序——不管事情真假，我们的“大脑优先系统”都会马上产生某种兴奋。信不信不重要，重要的是它刺激了我们大脑中的“丑陋优先系统”。下面，我们不妨借此来分析一下“谣言的威力”。

谣言之“威”

任何事件的传播，都必须依赖某种工具，新媒体时代的传播工具，无外乎手机、电话、互联网、电视机、电台、报纸杂志等工具。

而在这些工具都还没有发明出来的古代，都是基于哪种工具来传播呢？或者说，姜子牙是通过什么东西来传播他的思想呢？

人类最早的传播大致有以下几种，符号、图画、书简、乐器、童谣、歌曲、迷信等。诗经中的“风”，就是当时传播上最重要的一个工具，传唱在民间的流行歌曲。姜子牙说苏妲己是狐狸精，这个创意是迎合了传播机理的，无论在哪个时代，谣言被传播的速度都是超常的。

姜子牙图谋造反，推动历史更迭，就要给商纣王造谣。

他给老纣编排的“故事”与现代政治斗争的打击手段如出一辙：在揭露你的政治问题之前，先揭露你的人品问题，要揭露你的人品问题，那干脆从最狠的地方下手——揭露你的作风问题。世俗的社会，最便于传播的“传奇”便是“狗男女的龌龊事”，当今社会所反复使用的“情妇门”全都是抄袭姜子牙的，他才是“情妇门”的开山鼻祖，由此可见几千年文明食古不化的低劣手段从来就没有把传播学进行过高段位的升级。

且看姜子牙对商纣王是如何“痛下推手”的：

他在攻打殷商之前，总计动用了三次舆论攻势。一次比一次凶猛，一招比一招狠毒，一步步将“纣王无道”的传奇故事推向高潮，以宣传手段推动“民心所向”，唯有如此，才能毕其功于一役，拿下仇敌。

这三次舆论攻势依次如下：

1.《尚书·武成》：今商王受，无道，暴殄天物，害虐丞民，为天下逋逃主，萃渊薮。**（这一次，姜子牙只玩概念，用虚词，不讲故事，只为下一步宣传做铺垫。）**

2.《尚书·牧誓》：今商王受，惟妇言是用。昏弃厥肆祀，弗答；昏弃厥遗王父母弟，不迪。乃惟四方之多罪逋逃，是崇是长，是信是使，是以为大夫卿士；俾暴虐于百姓，以奸宄于商邑。**（这一次，涉及男女丑闻，并编造逆天欺人的案例，为下一步讨伐释放更大的宣传空间。）**

3.《尚书·泰誓》：今商王受，弗敬上天，降灾下民。沈湎冒色，敢行暴虐，罪人以族，官人以世，惟宫室、台榭、陂池、侈服，以残害于尔万姓。焚炙忠良，刳剔孕妇。……惟受罔有悛心，乃夷居，弗事上帝神祇，遗厥先宗庙弗祀。牺牲粢盛，既于凶盗。乃曰：'吾有民有命！'罔惩其侮。……今商王受，力行无度，播弃犁老，昵比罪人。淫酗肆虐，臣下化之，朋家作仇，胁权相灭。无辜吁天，秽德彰闻。……今商王受，狎侮五常，荒怠弗敬。自绝于天，结怨于民。斫朝涉之胫，剖贤人之心，作威杀戮，毒痡四海。崇信奸回，放黜师保，屏弃典刑，囚奴正士，郊社不修，宗庙不享，作奇技淫巧以悦妇人。**（这一段，算是把纣王打入地狱再难翻身了。任何一个人如果被刻画成这样，那必是"人人得而诛之"。）**

经此三段论，姜子牙的目的达到了，以至于决定历史走向的"牧野之战"不战而胜，殷国的部队全部临战叛变、变节投诚、反出朝歌。

纣王真的那么坏么？孔子的大弟子子贡曾一针见血地指出，姜子牙的这些胡说根本不靠谱，在他们的言论上打个八折对纣王都是个侮辱："纣之不善，不如是之甚也。是以君子恶居下流，天下之恶皆归焉。"（《论语·子罕十九》）。也就是说，姜子牙把全天下的黑锅都让纣王一个人背了。其中包括超级坏蛋"桀"的种种恶行，都完全复制拷贝到纣王的脑门上了。

近代著名学人顾颉刚也说，关于殷纣王的"恶"，十有八九都是不靠谱的，而司马迁老先生更不靠谱。

顾颉刚先生对“纣王无道”的七十大光辉劣迹进行了严谨的历史学考证——《纣恶七十事发生的次第》，指出纣王的罪恶在周人的《尚书》中只有六点，战国书中增加了二十七事，西汉书中增加了二十三事，东汉时增加了一事，东晋时增加了十三事。而带头把这么多脏水，第一个泼到纣王身上的，就是姜子牙。

你看造谣，姜子牙就是这么干的。

特别有趣的是，如果查阅希特勒攻打波兰的历史资料，你就会发现戈培尔推动侵犯波兰的宣传手法跟姜子牙殊途同归。在纳粹德国发动波兰战争之前，戈培尔操纵宣传机器煽动战争狂热，也一样使用三个推动步骤：

1.《柏林日报》先使用大字标题发出“当心波兰!”的警告，后又谎称“波兰军队推进到德国国境边缘”。**（宣传预备，也是虚出。）**

2.《领袖日报》则动用危言耸听的标题“华沙扬言将轰炸但泽，极端疯狂的波兰人发动令人难以置信的挑衅!”《十二点钟报》报道波兰人攻击3架德国客机。**（编制故事案例。）**

3.《人民观察家报》使用特大通栏标题“波兰全境处于战争狂热中！上西里西亚陷入混乱!”1939年9月1日的早报则竞相报道所谓“波兰志愿人员和上西里西亚叛乱分子”袭击靠近边界的德国格莱维茨广播电台的消息。**（如此蛊惑民心，岂有不战之理？纳粹的士兵们全部陷入战前疯狂。）**

而实际上袭击广播电台的行动是纳粹党卫队保安处的特工人员自己炮制出来的。也就是说，波兰根本就没有攻打德国的计划，这个谣言的制造跟姜子牙如出一辙。

可怕的传播，遇到善于使用传播利器的人，足以在短时间内消灭一个国家。可怜的纣王和不幸的波兰都牺牲在谣言的传播能量里面了。

谣言能被终止吗

如果当时的传播工具发达，商纣王完全可以左右局势，但最大的悲哀是，当时纣王的“声音边界”只能局限于自己的国土之内，它不能像半岛电视台一样把自己真实的声音传送到世界各地。那时候也没有手机、更别说拿个微博来辟谣了。因此，从危机公关的角度，他失去了工具本身的能量。波兰的悲剧同样如此，他们或许不知道纳粹包藏祸心，也一样无法在获得战争情报以后进行外交解释和国际公关，他们无法“抗议”更无法进行“谴责”。他们都一样失去了“反传播”的能力。可供选择的路只有两条，要么备战，要么投降。

但现在就不一样了，现在，你不仅可以通过微博发表“抗议”，而且可以“谴责”，更有利的是，你可以第一时间表达你的“强烈谴责”和“严正交涉”。

基于发达的现代传播工具，此类谣言想要制造出摧枯拉朽的效果几乎很难了。

如果商纣王是活在今天，如果波兰战争是发生在今天，就传播通道而言，这两件事情最后都不会产生不可预料的后果，也许由于传播工具的发达，商纣不会亡国，第二次世界大战也不会爆发——人们将通过外交途径，妥善解决双边问题，尊重国家主权和领土完整。

在古代传播时代，一个谣言被终止的可能性极小。它被终止传播的唯一希望寄托在常识和理性的基础上。但对于有些事情，常识是无法发挥效率的。

而在“现场传播”的环境里，尤其在新媒体传播的环境里，谣言的传播力基本上会在一天或者 10 分钟之内走到尽头。

我曾经说，如果是微博时代，一切“会、道、门”，都无法在微博上行走。一般邪说，在微博上根本没有传播空间，因为微博上“明眼人”太多了，歪理邪说一经出土，便会被证伪，别无去路。

这也正是李一、张悟本们被一一揭露出来的重要原因。

新浪微博自开设以来，三个年头，曾有很多谣言出没试水，但都在短时间内被一一破除。

其一，发生在 2009 年底，关于“深圳大亚湾核电站泄漏事件”。有一个网友发表微博说大亚湾核电站出现泄漏，这条微博发出后不到一分钟，便有网友提出质疑，问既然泄漏，为什么大亚湾核电站现场依然有工作人员在正常工作？此后，有网友当即致电大亚湾，向自己的亲人打听情况，反馈回来的消息是“查无此事”，新浪官方对此作出的处理是，将造谣者名字上的 V 撤销。

其二，轰动的“张国荣复活事件”。基于这个事件的源头信息是拥有一定传播力的郭敬明先生释放出来的，此事传播就比平常快出许多。不到一小时，关于“张国荣复活”的信息条目就已经达到了 23 775 条微博。其后的一个小时是无数微博网友等待“证实复活”的消息，还有记者根据帖子爆料的消息，要到香港机场等候到天明，以等待张国荣真的从美国坐飞机飞回香港。但在当晚12点，便有网友证实这是谣言，所谓张国荣复活和即将从美国飞回香港都是谣言。郭敬明当晚删除帖子并作出道歉。此事随即消弭。

其三，“金庸被死亡事件”。2010年12月6日晚，微博上突然传出“金庸去世”的消息：

> **【金庸去世？紧急求证！】**金庸，1924年3月22日出生，因中脑炎合并脾胝体积水于2010年12月6日19点07分，在香港尖沙咀圣玛利亚医院去世。【这是真的吗?】

由于金庸先生在国内拥有庞大的“武侠读者群”，这个消息被扩散的速度超过其他任何一条谣言，其中，转发此谣言的很多博友都是金庸先生的武侠粉丝，他们在各自的帖子中都表达了对金庸先生的悼念。当晚传播这条谣言的转发总数达到5万条之多，我们再把“金庸去世、金庸死亡、金庸被去世、金庸被死亡”等关键词累计起来，其条数总计超过11万条。

但就在这个谣言在不断被传播的同时，金庸先生的各路好友都在通过自己的方式去求证消息的真假，有一个网友当即写帖子反击“我昨晚还跟金先生一起吃饭，请各路朋友谨慎对待此消息”，而后更多的网友加入了“求证”的行列。事发不到30分钟，此谣言便被制止。

有博友直接发帖指出：“刚刚与金先生通话，此消息为恶意造谣。”另有网友写出：“@吕明合：经万润龙向金庸秘书证实，金庸死亡消息为假。欢迎转发。”

随后，很多知名网友发帖道歉，为自己“作为传谣的一分子而道歉”。

> **@陈X同学**：在新闻的“快”与“真”上，网络正逼着我们做出选择。昨天晚上，连《中国新闻周刊》的微博都转发了“金庸被死亡”的假新闻，我也转了，毫不犹豫的转了，还加上了“一路走好”评论。向金庸先生真诚的道歉。

> **@刘新宇自由人**：经紧急查证，已基本清楚此事来龙去脉，是负责新浪微博的编辑在饭否和新浪上看到这条新闻后，未作任何核实草率转发。这暴露了该编辑缺乏应有的新闻素养，也暴露了我们管理上的漏洞。在此，我代表周刊新媒体真诚接受大家批评，并力求以此为戒，在今后杜绝虚假报道。请大家监督。

而作为此帖“关键转发人”的某周刊负责人，在第二天便因此引咎辞职。

这一事件发生后，网友展开了一次非常理性的大讨论：“如何慎用微博传播力”。其中有网友撰文《微博自纠与网络空间的自治》：

> 如何制止这种行为？或者，发生了这种行为后，如何尽可能消除其负面影响？一些人提到了法律，包括通过立法的形式实行实名制等。但法律不是万能的。在任何行业和人群，除了相关的法律外，还有自我管理的机制。这套机制就是用来弥补法律的不足的，其在一些情况下，往往会起到比法律更大的作用。就新闻行业而言，除了一些法律中的相关规定外，还有

记者协会等自治性的组织，用来管理和约束自己的行为。对于网络的管理，除了法律外，也需要一套自治性机制。以目前通过微博发送虚假消息为例，在微博注册的一些用户就可以自发组织起来，组成一个自治组织，及时发现这类信息并予以澄清。这样的组织可以是紧密的，组织成员在现实世界还可以互相切磋；也可以是松垮一点的，大家遇到疑似虚假信息了及时沟通处理。

中国人民大学新闻学院教授彭兰女士对此发表观点，希望“微博自证”功能对普通大众、对日常信息也能体现出人文关怀的力量。

@彭兰：关于金庸去世的谣言迅速被澄清，很多人以此为据欢呼微博的自我纠错功能。尽管我也认同微博的自我纠正功能，但我觉得金庸这个事，可能不是一个好的例证。毕竟它太显著，证实起来也不困难，就像当年盖茨遇刺的假新闻。微博的自我纠正机制可能更需要在日常信息传播中发挥作用。

微博谣言之所以不能大行其道的最大根本，是基于微博独特的“人人功能”，也就是说，在数以亿计的用户聚焦平台上，很可能会出现“现场目击者”。**“我在现场”是微博最伟大的自证机器。**任何一个谣言，只要在相对信息中出现时间、地点、人物、事件，就不可能不遇到“我在现场”的人。假设十三亿人中的每十个人当中有一个开微博的，那就意味着整个中国的每一个角落都有一个“在场者”。“在场”，是微博自证最大的利器，这也就是谣言无法生根的重要根源。

环境协同下的临时共性

时至今日，上海静安区胶州路的那场大火，似乎还烧在人们的记忆中……

那时正值上海世博会闭幕。大家都在等着庆功的时候，一场大火让整个上海陷入了悲伤之中。一幢28层的高楼一日之间毁于火海，几十条生命罹难。此事发生后，整个中国都为之震惊。

与其他事件一样，关于胶州大火的第一条信息依然来自微博，第一张现场图片也同样来自微博，网络上的其他媒体、电视媒体、传统纸媒都只能跟随微博之后对此事加以报道。

2010年11月15日14：33，来自新浪微博的网友@澄澈媚扬 突然发布了附带现场照片的微博：

@澄澈媚扬：上海静安区胶州路余姚路附近的教师公寓突发大火！数十层楼上也有火情！火势凶猛！现场浓烟滚滚，烧焦的碎片漫天飞舞！

3分钟后，第一个发现此消息并立即转发的人是@何处听雨，9分钟后（14：42），在此帖中起到“关键人”作用的@微博金库 转发并写下“关注”二字。14：46，此帖开始进入发酵端，数十位网友紧跟转发，其中传统媒体代表《都市快报》中国新闻部主任吕宏紧急转发，并联系@澄澈媚扬 了解现场情况。转瞬之间，这个事件被迅速传播开来，身在上海的网友立即赶赴现场，更多的网友在微博上安静地等待更新的消息，有些焦急的网友紧紧追问：“楼内有没有住人？”

紧接着，@澄澈媚扬 以平均两分钟一个帖子的速度，对胶州路大火进行直播。在大火后的第七天，也就是“头七”的那天，无数人携带黄色菊花，前往胶州路大火现场祭奠在大火中遇难的 50 多个亡灵。据说当天前往祭奠的人数达 10 万人以上，胶州路周边的花店几度售罄。

在当时的氛围下，许多人（包括我自己）都不可抑制地陷入了一种极度悲伤的情绪中，鲜花祭奠是自发的，是陌生人祭奠陌生人。这在中国几千年的历史长河中是极为少见的。除非是某个有影响力的政治领袖与世长辞，否则你很难想象一场平民对平民的祭奠，也很难想象都是陌路天涯的社会还有如此温情的一面——十几万人，相互叫不出对方的名字也不知道各自住在何处，但那一天，他们的眼泪都在为大火而流，为无辜的死难者而流……

我知道这个事情一定存在着一种神秘的传播链。否则，在散漫的中国，很难为某一件事情聚拢十数万人。太难。大家都忙于生计。

我曾经认为这是一场有组织的祭奠活动，但是，无论我如何追踪搜索，都无法找到其中的“组织者”。在各大微博上，我搜索了“鲜花祭奠”。除了新浪微博，在大火之后有一两个网友表示要去胶州路花祭以外，别无策划。

事隔一个月，我与当日在场献花并受托帮助全国各地网友买花献花的 @王小塞 先生会面。谈到当日的鲜花祭奠，他也一样表达了惊讶，他说：

> 不知道那么多人是如何从四面八方赶来的，大家几乎都互不相识，没有任何一个所谓的“组织者”。更没有所谓的“号召人”，大家似乎都是自发的，一个个安静地来了，又一个个安静地离开了。彼此之间很少交集，甚至很少看见现场的互动和交流。但有一张现场照片足以让人震撼，整个过火的大楼周边，被无数的鲜花堆满，有的地方甚至是堆叠到双层和三层。

2010 年 11 月 21 日。网友@王小塞 在微博上写道：

> **@王小塞：**【鲜花祭】忙得生不如死，但是鲜花的采购量就足以震撼了，报告一共采购了 7 339 支鲜花，通过博友转发由我免费代送的花 1 600 支；博友通过私信要求代购的花 3 939 支（其中@杜雪骞 兄贡献 1 600 支）；@夏商 兄代为采购的花 1 800 支，再加 3 个花篮，1 个夏兄的，1 个我的，还有 1 个如意花店老板的（被所有博友感动的）。

自发。

无组织自发。没有组织者。没有召集人。没有号召者。

通过微博搜索，使用关键词“鲜花祭”只有区区 174 条。而“鲜花祭奠”这个词条的搜索，更是为数不多。但如果我们使用“头七”这个词，微博搜索页面马上显示出 31 471 条。如果对这个模糊搜索进行页面梳理。大约有 20 000 条“头七”跟上海的鲜花祭奠有关。

无组织的组织力量在微博上通过胶州路大火事件得以完整体现。

神秘的传播来自碎片化的拼帖。无数的微博碎片，几乎没有相连，整个事件的连接点应该只有一个——人类共有的悲悯情怀。

上海胶州路大火的祭奠现场，并不一定全部是网友，但是，他们一样是自发前去祭奠，去悼念，去吊唁的。

但这样的无组织祭奠，在历史上似乎是前无古人的，没有第二个相似的版本，更没有所谓的“政治意图”。大家都安静地来，安静地离开。这是一个纯粹的吊唁现场，在一整天的吊唁过程中，甚至没有人发现其中的仪式——一场没有仪式的鲜花葬礼！

《互联网周刊》主编姜奇平说：“这是人人时代，是一个个具体的、感性的、当下的、多元化的个体时代，他们之间的组织是一种基于话语的、临时的、短期的、当下的组合，而不是一种长期契约。”

姜奇平的这段话，对解释微博群体现象是极为重要的。

如果不能把“人人时代”这个概念彻底吃透，我们的管理者会因为对“群体的习惯认知”而增加无数的管理成本。

其实，微博群体的聚集，仅仅是某种“临时速配”——被某一个具体事件触动后的人类自发反应。微博群聚，极少出现“别有用心”，因此，我们也大可不必杯弓蛇影。事情没那么复杂。微博本身有独特的“自证功能”，其中“金庸被死亡”事件，就是一个很好的自证案例，谣言出来不到5个小时就被许多人站出来否定掉了。想要随便“利用网友”，现在更难了，网友不傻。

微博，经常会组合出“临时共性”，但不可能产生“永久共识”；随着新用户的不断入驻，“共识”的愿景基本不可实现。微博上发生的任何一件大事，都只是一个“临时速配”的结构，很多价值观相左的人，在某个共性环境下会自然产生临时速配，而速配结束便做鸟兽散。微博无组织，因此无共识。

有网友说：微博的临时性中有一种自发性；聚合中有一种自由度；更新中有一种持续性——这是一种了不起的现实，对一个事件的不可能逆转的看法是一种清醒的共识，对其制衡作用的认识是妥协性“共识”；而对其恐惧、限制，随时准备围堵都是错误的。

“组织困境”是微传播上的短板，之前我们探讨过，“多边协同”对解决“组织困境”有巨大作用，它具备了未来性。其实我还漏了一点——质疑、批评、批判，也是“多边协同”的一个重要组成，它会让未来传播变得更加理性，是一种“肃正”。

06 微博的影响力，从信从到改变

@杜子建

微博，已经算是“价值观速成班”了，很多不成熟的人，只要关注了具有影响力的人，他们自己的价值观、人生观、世界观都会受到其关注者的影响和改变。

信从，才是真正的影响力

你知道，中国古代最著名最牛的微博明星是谁？

孔老二。

他的帖子一般不超过 100 个字。

你知道他的粉丝多少？3 000 个。

僵尸粉多少？2 800 个。

活跃粉多少？72 个。

铁粉呢？7 个。

但你要知道，孔老二的区区 72 粉，影响了中国多少年？

3 000 年，好多皇帝都认他做爹。

在微博上，大家常常会把“传播力”和“影响力”混同在一起，而借由“微博先驱”孔老先生的例子，或许我们可以窥到传播力和影响力的些许不同。

“影响力”是指某人或某个组织在人类公共活动中，以自己的言行影响和改变他人心理、行为和灵魂的一种能力。

目前，在微博上，拥有影响力的大有人在，不过，按照微博的习惯，很多人都把具有影响力的人称为“意见领袖”，但我个人感觉这个词不够准确。

意见领袖一词源自保罗·拉扎斯菲尔德（Paul Lazarsfeld）的“两极传播”理论，是指在人际传播网络中经常为他人提供信息，同时对他人施加影响的“活跃分子”，他们在大众传播效果的形成过程中起着重要的中介或过滤作用，他们所发挥的信息扩散作用，会自动形成信息传递的“两级传播”(即信息源——意见加工——受众)。

意见领袖一般颇具人格魅力，具有较高的综合素质和社会认同度。他们具有影响他人的能力，在社交媒体上比较活跃，通晓特定领域，并能对这些领域的问题做出正确判断和相对准确的定义，还乐于接受和传播他所感兴趣的信息。

意见领袖作为一种社会现象出现在中国网络的最早时间应该可以追溯到“聊天室”，如新浪网的前身“四通利方”以及颇为著名的“天涯社区”。当初，这些网络论坛是以聊天室的概念而形成的，最早的一批中国网民大多只在这些聊天室中谈论足球、讨论股票、分享游戏、展开国际辩论、约会美女等。慢慢地，基于中国科技的进步和IT业的蓬勃发展，上网成本逐渐下降，中国网络开始呈爆发性增长并一路赶英超美成为全球网民最多的国家。随着网民的增多和互联网知识的成长以及社会发展的各种变化，网民们参与讨论的话题也就越来越广泛，并由此诞生了无数个互联网领域的大佬，如王峻涛（8848)、马化腾（腾讯)、陈彤（新浪)、邢明(天涯)、王小山（榕树下）等人。**我之所以说用“意见领袖”概括本文所指的“影响力”不够准确，盖因为很多网友只把“意见领袖”理解为“舆论领袖”。**这可能是一个误读，其实，严格地讲，除了那些以讨论政治、民生等话题而成名的“舆论领袖”之外，各行各业当中都已经形成了不同属性的“意见领袖”，比如医疗、医药、美容、化妆、珠宝、财经、美食、美酒、汽车、数码等领域，都有各自的“专业意见领袖”，比如微博上的美食家蔡澜、大董，比如数码专家陈昊苏，比如整形专家李宾，比如造型名家东田等等。

在微博的信息传播中，信息输出并非全部都能直达普通读者，而是先到达其中一部分，而后再由这一部分人把讯息传递给他们的粉丝。有的讯息即使直接传达到普通受众，但要他们在态度和行为上发生预期的改变，还须由意见领袖对讯息做出解释、评价和在态势上做出引导或指点。比如本·拉丹被击毙这个震撼世界的消息，约有大半的普通人都是经由他所关注的人转告的。由此可见，意见领袖的影响力是不可小视的。

是不是只有所谓的“意见领袖”才具有“影响力”？要想探究微博上的网民影响力，我们就必须先来探讨一下“影响力”这个词。

标志性“影响力”

1.“强制影响力”，也就是“权力影响力”。

“强制影响力”属于强制性不可逆转的一种指令性压制力，是典型的“服从”概念，比如法律、权位、身份、暴力等。比如皇帝让大臣把女儿交出来，比如军队让士兵去杀人放火。服从，大多数时候来自于“被迫”，你愿不愿意接受都无关紧要，紧要的是你必须接受。因此，独裁者大多滋生于此。用通俗的话来说，就是“枪杆子里面出奴隶”。更直白地说，权力影响力很多时候都只能对“服从者”的行为进行改变，而无法对“服从者”的心理进行改变——你可以不服，但你必须执行。我个人认为，强制影响力属于“低级影响力”。我们可以想象到，强制影响力所带来的大多数结果是：服从者在行为上或许真的服从了，但是在嘴巴上或者心理上也许会产生严重逆反，他们或许会在私底下直接用粗暴的语言问候“强制者”的老妈。**“强制影响力”主要来自于集体或机构以及可以完整代表这个集体或机构的人，也就是我们俗称的“领袖”。从根本上说，“服从”不是“信从”。信从，才是真正意义上的“影响力”。**

2. 与“强制影响力”相反的另一种影响力是“心智影响力”。

心智影响力又称“非权力影响力”，这个形态的影响力绝不会以“服从”为指标，而是完全地依赖于“信从”——我相信，我才跟随。“服从”是来自于“压制”，是被动性的，而“信从”不是被动的，它一定是来自于自主——听命于自己的判断所做出的选择。“心智影响力”大多来自于个体，**而构成心智影响力的因素主要有：品格（信用）因素、才能因素、知识因素、价值观因素。**由这四大因素展开，信从者不单单会在行为上自主性地选择改变，在心理上，信从者更是心悦诚服地选择改变。这才是最高境界的“影响力”。

这个影响力也是我们普通民众可以自我构成并对朋友和社会发生积极作用的影响力。由此，商业传播要想发挥力量，就应该在这个区块入手建构。比如乔布斯的商业影响力，再或者马云，也基本具备这样的能力。

3. 第三个影响力来自于“宗教影响力”。

很多著作在谈到影响力的时候基本上都只谈“权力和非权力”性的影响力，多数都忽略了介于两者之间的“宗教影响力”。宗教影响力的怪异就在于，你说它是强制的也可以，你说它是非强制的也可以。换句话说，宗教影响力既有服从性又有信从性，我相信很少有人（包括信徒）能准确说出宗教影响力到底是来自于强制还是非强制。也许有人会说宗教影响力来自于“自我强制”，但纵观各种宗教之间的排他性（或隐形排他），这种“自我强制”理论就显得非常脆弱。严格地说，排他性本身就是一种强制性。宗教影响力因素毫无疑问的是来自于人们对“未知事物的敬畏”，来自于因人而异的“各种怕”。怕，是构筑宗教影响力的唯一的根。

正是基于“怕”的情感压制，从最早的宗教开始，直到近年出现的各种“分支”或“兴起”的小众宗教，都能在短时间之内聚集人群，形成“信徒集群”。这种影响力，如果是名门正派，那一定是对社会健康发展有利的，而诸如此类影响力若并非名门正派，而是具有异端色彩的，那无疑会对正常社会的健康发展产生危害。

以上三种影响力的好玩之处还在于，**强制影响力是不可解约的；非强制影响力是随时可以解约的；而宗教影响力理论上可以解约但实际上是负担着自我恐惧的。**

还有一个观点需要说明：强制影响力的效力来自于“服从”，非强制性影响力的效力来自于“信任”，而宗教影响力的效力来自于“缘”、“因果”等灵魂上的因素。再有，**强制影响力多数效力作用在行为改变上，非强制影响力多数效力作用在心理改变上，而宗教影响力的效力直接作用在灵魂的改变上。**

另外一点，强制影响力本身不是文明，但它又恰恰是构建现代社会文明的基石——它是以非文明的方式促成并守护着一种文明；非强制影响力是文明的最高状态，它是以文明来推动文明的；而宗教影响力是不是文明还有待于历史检阅。如果以文明来定义宗教影响力，它似乎还有“政教合一”的历史没有扯清楚，但如果以非文明基调来定义宗教影响力也不太合适，毕竟，大多数宗教都在劝善，都在推动爱或仁慈。

微博上的影响力

仔细观察以上三种影响力，微博上都存在。尤其是第二种“非强制影响力”在微博上是可以自我构建并快速形成的。

1. “强制影响力”的形成要件，在微博上的首要条件就是“要合法”；第二个，要遵守网站拥有者所制定的规则；第三个，本身是维护以上两个大原则的执行人，比如管理员、比如小秘书、比如总编或总裁等。

2. “心智影响力”在微博上的表现一样明显，各行各业的业界领袖，一旦入驻微博，稍加时日，便能快速形成属于完整个体的“心智影响力”，这个影响力通常被解读为“意见领袖”。但这个词的最大误区就在于潜意识里面暗示了一种“广众”影响的概念。其实我认为，当你的观点、意见、情感、价值观真实地左右了一两个人的时候，你的影响力便已真实的存在。你未必需要影响成千上万人才叫“具备了影响力”。“影响力”其实只是“改变力”，你改变了一个人就等于影响了一个人，哪怕只是对对方的某一个行为或心理进行了改变、发生了效力，你的影响力就已经存在。**（这将是我下文要展开的重要内容。）**

3. 微博上的“宗教影响力”已经大有人在了。我们且不说星座八卦类的跟随者数以万计，只说游走在微博之上的各路“活佛”，就不难看出微博上的宗教情结。各路和尚的粉丝总和在微博上已经不是一个小数。

在研究微博的传播力时，我们曾经用狮子做过形象的比喻，狮子的统治是靠“行为信用”来完成的，而在研究影响力的时候，我跟好友们也讨论过大猩猩的影响力与狮子的差别。

很显然，狮子的统治是需要靠“行为信用”来完成的，简单说，就是要通过暴力来施加影响。而与此相异的是，同样作为动物的大猩猩，它们的影响力建构却不单单是行为暴力的征服，它们开始了“智取”的启蒙。

狮子的领导力换代，是以一次最血腥的拼杀最终完成的，而大猩猩的领导力换代，则很难以一次性暴力拼杀来完成。大猩猩的智力启蒙使“地位信用”开始在大猩猩身上得以体现，它会运用“友谊、关怀、分享、照顾”等简单的初级情感来建立和巩固自己的影响力。作为灵长类的高级动物，首领级大猩猩上位以后，会建立威望，而这个威望会在它体力下降甚至年老的时候都依然能继续发挥影响力。

而微博环境下的普罗大众，要想获得“强制影响力”大略是不可能的，但非强制影响力，是可以养成的。

这个养成基于靠自身的学识、见解、所形成的理论和行动来触动他人，并对他人的行为和思想进行改变。

影响力养成，只有 4 大因素：

1. 品格（信用）因素；
2. 才能因素；
3. 知识因素；
4. 价值观因素。

在我统计分析的基于微博搜索而获得的“为什么”和“怎么办”的词条当中，虽然目前的答案还不完整，但是，只要在其中认真给出答案的，大部分人都至少表达了感谢，更有很多人在各种热心的回答中找到了问题的解决方法。而微博上，每天问出此类问题的人不计其数。而这些被微博改变的人，大多是基于热心网友以自身具备的“品格、才能、知识、价值观”的影响。**所以他们听从，所以他们信从。有时候，只要你真诚，你的信从者就会到来。而这种信从未必需要你强大的知识和才能体系来支撑。你只要让对方感觉到你是一个“可信的人”，一个拥有正确价值观的人，你的个人影响力就拥有了生成的基点。**

构建个人信誉度

信誉度，在微博上向来被网友重视到接近法律的高度。

在“质疑优先”的微博环境中，你要想做一件“瞒天过海”的事情，那你一定会为此付出代价。

之前，闹得沸沸扬扬的“陈光标捐款事件”，就是一个很好的例证。

陈光标一向高调行善，并为此不遗余力，早在汶川地震的时候，陈光标就高调深入，此后又跨越海峡到台湾行善，再此后又远赴日本灾区赈灾，他的每一次行善，都会有很多现场照片付诸媒体，这样的高调其实早令部分网友颇有微词，但陈光标一如既往，最终引发《陈光标行善注水》的新闻。

陈光标最大的问题就在于“信誉度原罪”，他的企业是以网友们深恶痛绝的拆迁为主业的，而他究竟是怎么起家的，这是最让网友摸不着头脑的问题。因此，他被质疑也是迟早的事情。

在《中国首善之谜》将有着中国首善光环的陈光标推向了风口浪尖之后。一波未平，一波又起。5 月 4 日，曾对陈光标慈善事业进行调查采访的多名记者都在微博上称，遭到了“网络水军”的攻击谩骂甚至是死亡威胁，此事也引发了更大范围的震动。

虽然陈光标事件中有很多名人参与进来为陈光标解围，但对于陈光标诚信的拷问一直没有停歇。

与此相反的是，像@北京厨子 @王小山 @邓飞 这样信誉度极高的人，但凡他们在微博上发起活动，均会在微博上得到正面回应。

○ 尤其是@邓飞，在打拐活动进入政府程序之后，他随即发起“免费午餐”，旨在让贫困地区的孩子能吃上一顿不错的免费午餐，并由此筹建贫困地区的小学。活动一经推出，几乎得到了微博上各路具有强大影响力的著名网友的支持，活动发起接近一个月的时间，支持@邓飞这一公益活动的基金会便筹得了数量不菲的善款。整个活动不仅没有受到网友质疑，反而是激发了更多网友陆陆续续参与其中。

由此可见，微博信誉度，是靠你在微博上的一言一行构建起来的。

拿微博上的语言来说，就是“靠谱”。

一个人靠谱不靠谱，翻阅他十几篇帖子就大致了然。文字是密码，你随便写什么都能泄露你很多未曾写到的私密。

比如你的学识、你的修养、你的年龄、你的阅历、你的背景、你的心态，你的性格，几句话之间，便泄露无疑。文字，是藏不住的。所以，靠谱不靠谱，就看你如何待人接物，这正是微博本身强大的“社交属性”的体现。

当然，在一个生态链绝对完整的社会，要让所有人都对你的活动投赞成票、都表扬你，那是不可能的，上帝都做不到笼络全人类。三五个杂音是天然存在的，否则，那就不叫“社会”，也更不能叫什么“社交媒体”，而是一个不存在的良民乌托邦了。

水能覆舟，强大的协同影响力

当一个事件涉及到公共利益，而具有强大影响力的伟人还没有出现的时候，协同性影响力就将发挥作用。

在微博上这样的案例已经很多，比如最近发生的药家鑫杀人事件，比如“律师李庄案第二季”，这两个事件的最大特征就是“强制影响力”和“非强制影响力”之间的博弈。（当然，或许这个博弈本身是不存在的，但就微博上所传导出来的信息，恰恰暗示着这种博弈的明显存在。）

2011 年 2 月，当@微博张显 在新浪微博上发出第一条微博的时候，谁也没有料到他将会在微博上掀起一场引发几千万人关注的“巨大事件”，当时他的粉丝不足 10 人，而他自己的第 1 个帖子也平淡无奇，但是，到了第 4 个帖子，到了他以原告辩护人的身份提起“药家鑫案件”的时候，他的帖子开始传播，他的粉丝开始增长。

首先我们来说说“**药家鑫事件**”。

2010 年 10 月 20 日 23 时，药家鑫驾驶红色雪佛兰小轿车从西安外国语大学长安校区送完女朋友返回西安市区，当行驶至西北大学长安校区外西北角学府大道时，撞上前方同向骑电动车的张妙，后药家鑫下车查看，发现张妙倒地呻吟，因怕张妙看到其车牌号，以后找麻烦，便产生了杀人灭口之恶念，遂转身从车内取出一把尖刀，上前对倒地的被害人张妙连捅 8 刀，致张妙当场死亡。杀人后，被告人药家鑫驾车逃离现场，当车行至郭杜十字时再次将两情侣撞伤，逃逸时被附近群众抓获。2010 年 10 月 23 日，被告人药家鑫在其父母陪同下到公安机关投案。

张妙，26 岁，一个两岁半孩子的妈妈，经法医鉴定：她系胸部锐器刺创致主动脉、上腔静脉破裂大出血而死亡……

就是这样一个事实清楚、证据确凿的案件，因为一个新词语“激情杀人”的出现而在微博上引发了轩然大波。仅新浪微博一家，关于“药家鑫”的关键词词条总计出现了88万多次。而“激情杀人”一词，如同“临时性强奸”一样，被发掘出来以后，在短短的10天时间内就在新浪微博上出现了13万次。

在2011年3月23日的案件审理过程中，被告律师路钢辩称药家鑫杀人案是一起交通肇事转型的故意杀人案件，药家鑫是一念之差，属于“激情杀人”。

“激情杀人”一经律师说出，新浪微博便开始炸锅了。几乎与案件审理同步，新浪微博网友就开始表达了各自不可遏制的愤怒。

@ccyes：药家鑫激情杀人，不是案情本身出了问题，而是社会法律出了问题。

类似的观点引发了微博网友的共鸣。

著名犯罪心理学家李玫瑾教授在庭审当晚的央视“新闻1+1”节目中，谈到药家鑫案件杀人的心理成因时，说了一句“药家鑫连捅8刀杀人是弹钢琴的重复性动作”引发了网友的再次愤怒。

@张孟：不知出于何种原因或者站在什么立场，李教授要为药家鑫开脱？

一个“激情杀人说”的辩解本就让网友忍无可忍了，现在又突然冒出一个“钢琴动作说”，无疑会引发巨大的网络声讨浪潮，央视的这个相关视频被网友们在微博上转发出来，网友们不无伤怀地说：“弹钢琴的惹不起！”

网友@那是刚 深刻感慨：“专家们再次挑战我们的智商了！”

可以想见，李教授在4月前后所受到的网络舆论压力可能是她这一生都不敢想象的。

此后，北大教授@孔庆东 激情震怒的节目视频也被网友转发了出来。

@孔庆东：以后杀人不用偿命了，只要装可怜，只要有大学文凭，只要找个专家说话，就可以免死了，谁在为弱者说话？谁在为受害人说话？

网友@黑熊江 所发布的孔庆东批评药家鑫案件的视频，直到今天都还有人在转发，在评论，在唏嘘。6 595次的转发，依然还未停止。

著名音乐制作人@高晓松 在4月17日的微博上写道：

@高晓松：朋友问我怎么看药家鑫案？我说即便他活着出来，也会被当街撞死，没死干净也会被补几刀。人类全部的历史告诉我们：有法有天时人民奉公守法，无法无天时人民替天行道。至于有人能一手遮天，那纯属杞人忧天……

高晓松的帖子发布出来之后迅速被网友转载，并在转眼之间转发过万，今天去检索这条微博时，他的总转发量已经达到53 950条之多。

这个事情到后来之所以再次发生“戏剧性逆转”，完全依赖于微博环境下的“协同影响力”，根据我们目前所能收集到的数据信息，将药家鑫杀人事件的相关数据整合起来，大约有不少于3 000万名网友参与了对被害人的声援。

同样的，发生在重庆的“李庄案第二季”也是典型的“协同影响力”与“权力影响力”的再次博弈。

2011 年 4 月 19 日，时隔一年有余，已经失去律师执业资格的原北京律师李庄，再次现身重庆法庭。

他被指控妨害作证罪，这一罪名也被业界称为悬在律师头上的“达摩克利斯之剑”。实际上，李庄案前刑中就有此罪。

2009 年 12 月 12 日，因在代理重庆龚刚模涉黑案中涉嫌伪证罪，时为北京康达律师事务所合伙人的律师李庄，被重庆市公安局拘捕。2010 年 2 月 9 日，重庆市第一中级法院终审判决李庄伪造证据、妨害作证罪成立，处 1 年零 6 个月刑期。

此案的再次开庭，遭到以@斯伟江 为代表的律师界的全面阻击。跟药家鑫案相似的是，一边有传统媒体的大力造势，一边是微博平台的全面阻击，最终致使“重庆检方当庭提出对李庄撤回起诉，获得重庆市江北区法院裁定准许”。

药家鑫事件，如果没有微博上的“协同影响力”的存在，而仅仅只是张显，只是孔庆东，只是高晓松，怕是难以获得巨大逆转的。药家鑫事件，正是基于微博同构起来的、独特于其他各种媒体之外的“全民互动”才产生了如此巨大的反响，才使得案件走向正常的判决轨道。

可以这么说，一个 21 岁少年的“激情杀人”案，几乎引发了全社会的“公平关注”。微博面前，没有人能在犯下弥天大罪以后逍遥法外，即使“你爸是悟空”，也会在微博上显出原形，因为，微博上有一个令所有坏人心惊胆寒的力量——**协同影响力**！

众目睽睽，道路以目。这个力量已经在微博上多次显现。

假设这两个案件的审理都是发生在2008年以前的，那么两案的判决结果很有可能不容乐观。

环境协同下的舆论洪流

“环境协同”这一概念，在微博上大多以“公共情绪”为表征，如郭美美事件。如果此事不是涉及到大众公益和全民良心，那么，这个事件的传播肯定不会像如今这么大，也不可能造成如此大的影响。

轰动一时的7·23事件，也是这类协同的著名标本。

如果多数人为某一件事情而临时主张，那么，这个被协同起来的“环境”就会迅速形成，比如药家鑫事件，几乎绝大多数人都主张“杀”——宣判死刑，那么这个呼声便会随着协同人数的增多而形成“舆论洪流”。

我相信在人类社会中，任何人都不敢对“舆论洪流”置若罔闻。即使你是国家领袖，这样的洪流也会让你措手不及。

最近发生的“脊梁事件”就是一个很好的例证。

某文化机构，为牟取私利，就仗着某个部委的招牌给著名主持人倪萍颁发“中国脊梁奖”。这个事件对网友的触发主要基于两点：1. 中国脊梁在5 000年文明史上从来都是个奢侈品，5 000年文明，能数得出的“脊梁”不会超过100个。而2011年，这个机构竟然一次性生产出“8个脊梁”，如此荒谬的“脊梁奖”必会遭遇网友的嘲弄和批评。因此，倪萍注定要成为这个事件的牺牲品。说白了，这个奖项是专门发给那些沽名钓誉的名人的；2. 据说这个“脊梁奖”只要花上 9 800 块大洋即可获取。再加上这荒谬的第二点，获奖者必将被网友推向风口浪尖。

好了，一个荒谬脊梁奖，加上一个唯利是图和沽名钓誉，这事你想不热闹都不可能了。

于是网络名人，也是意见领袖之一的大眼李承鹏首先发飙，直斥“脊梁奖”为历史笑话，并点名批评主持人——《“脊梁奖”戳了谁的脊梁?》

这样一个接近冷笑话的奖项，即使是个没文化的人都会觉得可笑可恼，何况再加上一个家喻户晓的主持人，这个“协同的环境”天然产生。就算李承鹏不开口，其他各路网友一样会破口大骂并且一定比李承鹏骂得更狠。

舆论洪流势不可当。

中国五千年历史上，谁能数出几个脊梁啊?

有文化的网友可能会数出鲁迅这样的，没文化的网友至少也得选出岳飞这样的民族英雄，但无论如何，他们都不可能选出西施这样的美女来充当“共和国脊梁”吧。

再说，无论你以何种标准评选，这“脊梁”可不是说有就有的，单从词义上解读，你获奖的这个人，且不敢说“高山仰止”，但至少你也得拿出一两个感天动地济世悬壶的大德行出来亮亮吧?

早前，由于某地方领导秘书因酒桌醉死而摘取“烈士”名号，并由此玷污了这个词汇的贞操以后，中国干净的名词已经实在不多了，现如今唯一剩下几个诸如“脊梁”这样接近奢侈而纯洁的好字眼，眼睁睁看着它又被玷污，能不愤怒？

势不可当的，中国人至少总得为自己的后代留下几个纯洁的词汇吧，你再这么弄下去，江东父老以何颜面拱手子孙？

因此，网络上大大小小形形色色的网友都毅然起身，为守住仅剩的一点文化的纯洁而发出了自己的声音。

洪流顿起，摧枯拉朽。

据说后来，某国家部委发表声明，说那个文化机构“早就非法”了。

倪萍为此弃奖，各路获奖人都把这个奖励当成了烫手山芋，不烫手才怪，拿奖，至少也得拿得住尊严啊！

郭美美事件因为涉及到公共捐款“可能”被“用错”而引起全民关注。动车组7·23事件，一样因为涉及到公共生命安全而引发社会各界关注。

凡是在涉及公共安全、公共良心、公共荣誉、公共正义的问题上，你一定得记住你是否可能会触犯“舆论洪流”，因为在这类问题上天然存在着一个“情绪环境的集体协同”。

如果着力不慎，那么这类事件的影响力所引发的风暴，将使你面临舆论的挑战。

“点客”作用于影响力

我们可以很典型地看到，如果药家鑫案和李庄案没有微博的“发声”，其最后的判决结果很难说是今天的这个样子。

与微博传播力中“推客身份作用于传播力”不同，在微博影响力中“点客”的身份尤为重要。

↗ “点客”，是我发明的一个新词，这个概念的产生来自于“点火”，也就是某种能源已经聚集到可以燃烧的能量时，某人路过，激活明火，那么这个潜存的能量就会引燃甚至爆炸。

除了“点火”，民间还有一种说法——某人犯罪，官府不知，而悄悄前往举报者，就被称之为“点水”。这个概念相当于“捅破”，就如对待一只饱胀的气球，你只消轻轻扎上一下，它便爆破了。

点客也是如此——对某一不明朗事件进行点破、捅破、点燃、点爆或引爆。

脊梁奖事件，也是有网友在其中起到“点客”作用的，包括“天价酒事件”，它一样有着那个提供核心线索的“点客”存在。

在这里，我们不妨假设，@西安张显 是个点客，张显是药家鑫案件的原告代理人，也是受害人张妙的亲属。

他在 2011 年 2 月 11 日注册微博，2 月 13 日为药家鑫案写出第一个帖子：“药家鑫杀人案快要开庭了。”

此帖至今都只有 4 个评论 1 个回复。我想他当时的粉丝或许不超过 10 个。但现在，张显的粉丝已经达到 66 000 人。在张显的时间轴上所能显示的数据是，他总计写了 330 篇帖子（截止 6 月底），其中 80%是关于药家鑫案件的。

他的第一条“转发量达到 2 000”以上的“高转帖子”是就案件心理学方面对李玫瑾教授提出的质问：

> **@西安张显：** 李玫瑾教授：也请你分析一下，张妙被戳8刀，张妙看到刀向她捅来时、抵挡药家鑫每一刀时，心里是怎么想的、嘴里是怎么说的，最后是怎么离开的。前胸3刀，后背3刀，腹部一刀，手上一刀，加上张妙的反抗，药他不可能动作神速的像弹钢琴，你可以买块肉在案板试试，可以准确地记录一下时间。

此帖被转发2 154次，评论668次。

关于这个事件中的情绪，大家都可以想见，李玫瑾教授的观点一旦被“点破”，那无疑会遭受舆论围攻，弱势者在感受强大不公的时候所能表现出来的极端情绪肯定是令人吃惊的。当然，李教授后来在自己的博客中也无奈地表示了对这种情绪的“理解”。

最重要的是，李玫瑾教授虽然不曾在微博上公开“露面”，但她也是影响药家鑫案件判决走向的“关键人”之一，如果没有“激情杀人”，没有“钢琴机械性习惯”，没有药家鑫校友的“支持药家鑫”，这个案件的民众愤怒不会如此快速地到达顶点，也不会引起微博网络的巨大反响。

张显的存在，无疑将药家鑫案件的更多细节展示在公共环境之下，才使得微博“围观者”看到了更多真实的细节并由此导致案件的公共关注。

微博上的张显，文字温和、叙述合理、措辞不算激烈、态度也还适中，遇尔夹带情绪，这是他在粉丝极少的情况下构筑个人品牌的几个关键。否则，网友的“质疑优先”会让小小的张显迅速被亿众网友所淹没，不会有人去重视他，也不会有人去跟随他。

因此，个体影响力构建，个体正义和公共道德结合，是非常重要的。

链式反应与信息当量

不同于微博传播力中的“传播环与传播伞”，微博影响力将爆发的是由信息当量引发的链式反应。

当江西宜黄的拆迁自焚事件被网友当天传播到微博之后，我发现用“能源”定义微博已经不够准确了——我发现了一种能量，一种突然聚集起来的情绪核能，它像核裂变一样产生了不可想象的链式反应，其传播速度之快波及范围之广，是任何常规经验都无法解释的。发生在遥远而偏僻的宜黄小县城的一个拆迁事件，经过微博的高速传播之后，几乎在瞬间波及全国乃至惊动中央，当天下午，还在执行拆迁任务的宜黄县八大领导被迅速“立案调查”，整个事件的戏剧性逆转，是任何传媒专家和社会学专家都难以解释的。

经过对微博各大事件的谨慎梳理，我终于得出一个结论——微博是反应堆。它拥有一个区别于能源的重要特征“自能量”（而“能源”的基本特征是“他能量”，比如说汽油，你得需要通过第三方“引发”才能产生动能）。准确地说，**微博，是社会信息反应堆，是个体信息和大众情绪发生碰撞以后可能产生巨大核变能量的情绪反应堆。**

微博的工作原理几乎跟核反应堆一模一样：

○ 当铀235的原子核受到外来中子轰击时，一个原子核会吸收一个中子分裂成两个质量较小的原子核，同时放出2～3个中子。裂变产生的中子又去轰击另外的铀235原子核，引起新的裂变。然后由新的裂变产生链式反应，最后爆发出超乎寻常的大爆炸。

而微博的裂变原理与其极端类似：

微博有一个标志性特征就是“链式反应”，这个特征是以“转发”来体现的，而微博里面的“意见领袖”就相当于核物理元素当中最重要的元素“铀 235”，草根网友因为各自的性质（物理质量）不同，大致可分为：中子、电子、基本粒子、快子、光子、夸克、希格斯玻色子、轻子、介子、分子、α粒子。而其中，可能与“铀 235”（亦即意见领袖）产生“链式反应”并释放出巨大核裂变当量的就是“中子”（携带公共事件的草根网友）。中子的特点是“不带电而具有磁矩”。由于中子不带电（不带电，亦可以解释为不需要携带个人情绪，它已经具有历史积累的“公共情绪”，这一点至关重要），所以容易打进原子核内，引起各种核反应。而单独存在的中子是不稳定的，平均寿命约为16分钟，之后它将衰变成质子、电子和反中微子 ν。

用一个微博案例来做比对，基本就把这个高等物理的概念说清楚了。

就拿“宜黄事件”为例，“中子@钟如九”在微博上遭遇（轰击）“铀—@北京厨子”后迅速分裂出两个或多个小原子核，同时又释放出（转发）2～3个中子；裂变出的中子又去轰击“铀—@王小山”引起新裂变，新分裂出的中子再去轰击“铀—@南方记者”……如此往复。于是，携带巨大核能的“链式反应”开始发威。

而假设@钟如九 不是中子，而是核物理当中的其他元素（如粒子），就很难产生这种“链式反应”，它会因为自身能量的不足而自行衰退（不再被网友转发）转而静止（帖子自然下沉了）。@钟如九 之所以能成为“中子”，正是因为她所携带的信息“不带电”（不需要携带个人情绪，因为拆迁事件本身早就积压着大量的公共情绪）；因此，在本就拥有无数“铀 235”的微博环境下，中子遭遇铀的反应不可避免。

如此说来，具备“链式反应”和“信息反应堆”特征的微博是具有强大摧毁力的，那么，它是可怕的吗？

答案显然是否定的。

想一想，可以摧毁整个人类，摧毁整个地球，甚至能摧毁半个宇宙的核能，都能被我们人类征服性使用，那么，区区一个微博又有什么可怕的呢？

既然我们已经通过研究，得到了核心定义并明确知道了它的“工作原理”，那么，这个既带有负能量也产生正能量的微博，是可以用来为我们人类造福的。

比如核能，威力本来就无比可怕（毁灭地球），但经过大量科学家的正确研究，已经把这个可怕的能量使用到了发电、医疗、交通、通讯等诸多领域来造福人类。

同理所示，具备了“信息反应堆”效应的微博，一样可以被征服、引导、使用并造福我们这个社会，比如我们将这种能量使用到慈善传播、公益传播、公共信用信息传播、企业良性信息的推广、政府正确信息发布、社会丑恶信息的揭露与监督等方面，它都会良性发挥自身的能量并为人们带来福祉。

科学家们为正确使用核能，专门研究出一个核反应堆的合理结构：核燃料＋慢化剂＋热载体＋控制设施＋防护装置。便可以正确发挥它的能量并作用到工业、农业、医疗、军事、科技等重要领域。而微博的正能量使用也与核物理能量差不多——信息源＋慢化剂＋热载体＋控制设施＋防护装置，一样可以造福社会。

我的观点是，只要方法得当，任何能量，正也好，负也好，都可以正确地被我们这个社会所正常使用。

因此，微博并不可怕。

信息当量，是信源自能量的一个创造性别称（没法找到更合适的词）。

在发展至今两年多的微博上，如果你用心观察，就不难发现每一个产生社会反响的事件，其事件（信源）本身的信息当量都不可低估，无论是本书中所写的“宜黄事件”、“药家鑫事件”，还是最近发生的“7·23事件”、“郭美美事件”，其本身信息的爆炸性就不容小视。

以前，媒体在描述一个突发性大事的时候，都经常使用“爆炸性消息”的说法，如“9·11”事件、日本地震等事件，都会异口同声地使用“爆炸性”。

“爆炸性”本身，就是一个物理学上的“当量”概念，而作用于传媒领域，它的指向大致为“突发”、“重大”、“惊人”、“空前”、“突兀”性事件。

而在微博上具备“当量”信息的信源，大略有以下几个标志：1. 美女出事了；2. 清官又贪了；3. 城管打人了；4. 房子强拆了；5. 好人倒霉了；6. 名人晒富了；7. 死人复活了；8. 活人黑死了；9. 慈善被骗了；10. 官员裸曝了。

公共事件，绝不能触及公共恻隐，老百姓对弱者是抱有强大同情心的，同时“公知群体”对社会不公、官员贪腐亦是深恶痛绝。凡涉此类事件，你想不让它传播都不行。因为这类事情本身就具备了天然传播力，是“事件影响力”的历史习惯。无论什么朝代，只要出现以上问题，你根本就堵不住天下悠悠之口。

因此，一个事件，只要具备了上述十种特征中的一种，那你就只好接受千夫所指万人唾骂了。

影响力即是改变力

如果说“传播力是量变”，那么，影响力会将事件带向怎样的变化？

传播力的考核指标当然是受众数，是必须用量化指标来进行衡量的，比如你有多少读者？你有多少人转发？你有多少人评论？你有多少人阅读？而涉及到影响力，这些考核指标就无效了。

因为你不能说“评论数多大就意味着影响力多大”，在你所获得的上千个评论当中，也会有很多不同甚至相反的声音呢。因此，数字，在影响力上，是虚的，你没有对他人的行为或意识产生改变，你就没法说它是影响力。

我不知道是否要纠正一个观念，即“影响力”的“影响量化”。

我个人觉得，影响力本身无须量化也不可量化。也许很多人认为，影响力是普世力量，是一种对广泛人群进行影响的能力，但我的观点相反；我认为，哪怕你只是改变了一个人的某一个观念和行为，你就已经拥有了影响力。

在 2009 年的微博上，我曾经看到一个女孩写帖子说打算自杀，一个热心人看到此帖以后，采取跟踪对话的方式，用自己的人生观和价值观改变了这个女孩的决定，在不到 20 分钟的时间里面挽救了这个精神上濒临崩溃的女孩。那时候，我确信这位热心人具备了一对一的“个体影响力”。

○ 比如你最近准备买车，如果你跟一个修车的朋友说了这个想法，想买一辆越野车，山地的，性能不差价格适中的 SUV，我打算是 XX 牌子的。如果这位朋友很热情地把这个领域相关的各个品牌的性能、特点、优势、劣势等信息悉数跟你说完，然后建议你说，如果在这一价格区间，我建议你买路虎。

显然，他改变了你原初的决定，你“信从”了他。我认为，这就是影响力，在汽车选择领域，他具备了独有的影响力，你完全可能还会向你的其他朋友来推荐他的专业知识影响力。

翻阅各种书籍，关于影响力的诠释有无数种类和表述，但我认为越是复杂的东西越可简单的定义。我知道毛泽东算是有影响力的，马丁·路德·金也一样有影响力，历史上的很多伟大人物都是因为极具影响力而成就其伟大的。耐心研究历史上的各位伟人，孔子也好、拿破仑也好、爱因斯坦也好，你研究完全球各位影响力巨人，就不难发现其中一个共同的特质——改变。他们改变历史、改变文化、改变科学观……改变他们所能改变的。而且这种改变的广度无法对比量化，正如首次踏上月球表面的宇航员阿姆斯特朗所说:“这是个人迈出的一小步，但却是人类迈出的一大步。”

有时候，影响力，也许就是仅仅的“一小步”，而且这一小步未必是显效的、即刻的、当下的、现在的，但只要改变，只要影响，只要被接受，就意味着这个力量存在。

也许很多人都渴望具备影响力，并尽可能多地影响更多的人，甚至整个社会，但一开始，你连身边的一个普通人都无法影响的时候，你想影响更多的人几无可能。

尝试一对一影响力，似乎可以通过以下几个关键词来完成：

1. 分享
2. 劝说
3. 指导
4. 帮助
5. 扶植
6. 答案

这看起来可能是很简单的事情，但不积跬步无以至千里。

影响力本身就是从美好的品德开始的，但是，穷凶极恶也一样是具备影响力的，比如拉丹和希特勒。

而微博环境下，要练就影响力，就必须从第一步开始——分享。如果你拥有别人所没有的美好，请拿出公共情怀，分享给大家。当你的分享能使别人获得快乐时，你的影响力毛坯就开始形成了。

其实，微博上的每一个网友，都可能对另一个网友产生“一对一影响力”。这样的影响，是和微博一样无处不在的。

我们来观察一下现实生活中的“闺蜜影响”：

如果你是女孩，你将要结婚，你想买几套新衣，你去了万千百货超市。你本来雄心勃勃，打算一次性买足很多衣服，如果你主见很强大还好说，如果你主见偏弱，那么你也许会铩羽而归，看看自己的手袋，一套或者两套，你带回遗憾。

但假如，第二天，你带上闺蜜，再去万千百货超市，试试看，晚归的时候再看看你的手袋，你可能会购买多少衣服？

你带上闺蜜，就意味着你带上了一个你潜意识里面确信可以影响你的人，你选择衣服，然后向她问询：这件如何？

你去购买衣服，最后却发现购买的确定权被你主动转让了——让闺蜜来决定你的选择。

影响力，就是这样一个微妙的武器。帮你做出决定的，不是闺蜜，是影响力，是它。

可以肯定的是“每一个人都可能对另一个人产生影响”，但正因为大家对影响力这个词所暗示的量化指标有某种误读，因此，个人影响力要么被自己忽略，要么被大家忽略。其实，这个忽略对个体发展来说是非常可惜的。如果每个人都能重视“我自己可能具有影响力”，那么，不仅他自己的命运可以改变，更大的可能是，他还会改变更大的群体。但如果这种“潜能力”被自我忽视，那可真是人生最大的遗憾了。

如果你细心，去看所有伟大人物的童年少年，可能就会发现：原来伟人也是从一对一的个体影响力成长起来的啊！如果你发现了这个语句中的惊奇和遗憾，那么，重视自己吧——**“我也是一个有影响力的人，我不能忽视自己的这种潜能”。**

当个体的“一对一影响力”形成并产生影响以后，**“一对多的影响力”**就可以尝试了。（黑帮老大的帮派影响力，从一开始就是从一对一开始的，他们的手段是征服，而在伟人那里，道理其实基本相似。）

一对多，一定是基于你自身一对一的训练所成。你发现你可以影响身边的一个人之后，请重视这个“力量”，并确定自己可以去影响第二个人，这个第二度影响也许会失败，但是不要紧，继续尝试，走下去，一定会出现下一个……

影响力即是改变力。

这个世界既有约定俗成，也有与时俱进。

历史上的每一次重要调整都少不得影响力在其中发挥环境协同下的内在推动作用。

一种文化对另一种文化的影响，只有两条路径：一是同流合污，一是同流合清。世界潮流浩浩荡荡，合污无疑是历史倒退，但合清，就需要大

智慧大气魄。主流和潮流之间，未必需要其中一个放出妥协的姿态，二流之间都采取正本清源的姿态，相互微调，相互影响，造福苍生当是最佳选择。

目前的微博，已经算是“价值观速成班”了，很多不成熟的人，只要在其中关注了具有影响力的人，他们自己的价值观、人生观、世界观都会受到其关注者的影响和改变。

而对于这样的影响和改变，企业也好，政府也好，都可以从善如流，借用你们的权威人物，给出你们的正确观点，这个群体，谁都有机会去影响，毕竟，草根才是网民中的大多数。

07 谁是传播域的『上帝粒子』

@杜子建

微博，若要在浩如烟海的社会化媒体中产生力量，那么，你就得做一个特定场域中的“上帝粒子”，激活游走在宇宙中的其他“粒子”，让每个弱关系都围绕你，形成你的“星系”，并且带上各自的质量。

让微博“奔跑”起来

传播，就是把信息发出去，让它扩散，让更多的人看到它。传播，发出去不难，扩散难。扩散，大体上分两种——**“主动扩散”和“被动扩散”。**

从信息发布的角度来说，主动扩散不难，我把一条微博发布出去就是主动扩散。如果是不负责任的营销，发出去就不管，那么每个人每天都会制造出各种信息垃圾。我的观点，与其奋力做信息垃圾还不如放假回家生二胎去。做事就要做出花样来，做不出花样就不如不做。

而传播的最大难点就是“被动扩散”——让大家陪你玩。我把信息发布出去了，它得动态进行，而不是变成静止传播，不能让它静态化。网络上，静态网页随处可见，但却不能让信息随意静止。

从网络生态上讲，信息，有其特有的生命力，这个生命力叫“长尾”——它不动不等于它不存在。你十年前写过的帖子，只要你愿意去搜索，它一定还在的，除非你自己把它删除了。

既然它在，那么就要让它去传播、让它去奔跑、让它去流转到下一个路口、让它去遇见更多的人。

网络是由人构成的，尤其是社会化网络，每一个

节点都是由一个一个的人构成，你激活了一个人，就等于激活了一次传播，如果他是个有粉丝的人，你激活他就意味着激活了一个小组织传播群体。

由于社会化网络的逐渐成熟，新的传播介质正在一步步更新，日新月异。

在微博、微信出现之前的传播介质，大多是一对多的传播介质：我制作一个内容，排版到报纸上，让几十万人阅读，但那是另一个时代的事情。现在的时代是，很多报刊正在死去，无数的报社总编都抽身前往互联网，他们看到了传媒时代的变迁，或者说他们已经领教了网络媒体的来势汹汹。自从社会化网络形成以后，“多对多的传播”介质就突然被开发出来。社会化网络上的任何一个人，都不是一个个体的人，而是一个小组织，是一个群体的小中心，每个人都是一个中心，因为在社会化网络上，每个人都有一个自己的圈子（或者自己的粉丝群），每个人都是一个群，一个小组织。激活它，就是激活了多对多的生态传播。

传播中的“能量源”

传播，就是造桥，造一个信息到人的桥。

传播，其实只需要两个东西，一是介质，二是能量。跟化学一样。

网络传播的介质只有两个，一是平台，二是人，这两点都已经是天然的了。

第二点，能量，在传播范畴下的能量又是什么？

为什么李开复的微博会被几万人转发？

为什么王菲只是一个离婚信息的微博，竟然有82万次的转发，50多万人次的评论？这条微博有什么能量？

@王菲：“这一世，夫妻缘尽至此，我还好，你也保重！”

这条微博，浅一点看，也就是一个离婚告示；但深一点看，就会涉及到无数的往事、无数的人物、无数的回忆，而且要命的是，与往事牵扯的每一个人、每一段往事、每一节回忆都有“能量”。当事人和当事人关联的每一个人，都拥有自己巨大的粉丝集群，而且，每一个集群都有他自身爱恨的独特立场。

王菲的微博发出的第一时间，很多人都很震惊，然后，随之而来的就是各种猜测，再然后，就是各种安慰和祝福。

这条微博最值得研究的地方，就是自9月13日19：27发布之后的每一个时间点上的情绪都有其特有的变化——震惊、迟疑、疑问、安慰、叹息、观望、等待印证、惋惜、祝福、期待等，不一而足。

这条微博，研究下来就是一本足抵库利著作的社会学专著。

从上面罗列出来的各种词汇去看，你会发现，**情绪是一种能量。**

此外，对于拥有自身影响力的人，**影响力更是一种能量。**王菲用其多年的“天后”身份积累起来的粉丝已经不单单是其字面意思这么简单，喜欢她歌声的人几乎涵盖半个中国。但如果回到20年前，那时的王菲是谁的王菲呢？是怎样的王菲呢？是谁认识的王菲呢？

积累，无数的实力积累、无数的事件积累、无数的传奇积累，才造就了今天的王菲。没有人的成功和影响力是凭空而来、一蹴而就的。

再一个，就是事件。**事件，也是一种能量。**比如汪峰又爱了、比如王力宏宣布有了女朋友了、比如李云迪也同时宣布拥有女朋友了、比如张家川的那个叫杨辉的发帖少年，仅仅是一次发帖，就带来了被抓、释放、上学、被学校开除等事件。每一个事件，都是一次传播的能量源。

人的影响力、人的情绪、人的事件，都是传播的能量源。

关键是，我们如何能激活这个能量源？

激活传播，让自己成为传播域中的“上帝粒子”

最近的诺贝尔物理学奖颁发给了比利时物理学家弗朗索瓦·恩格勒特和英国物理学家彼得·希格斯。其获奖原因是两位科学家描述了粒子物理学的标准模型，其预测的基本粒子——希格斯玻色子，被欧洲核子研究中心运行的大型强子对撞机通过实验发现。

那么，什么是上帝粒子？上帝粒子科学的说法叫“希格斯玻色子”，如果我们要用科学的语言来解释这个东西，可能会非常复杂并且会让人摸不着头脑。那么我们换一种语言，换一种生动的文学化语言就可以简单明了了：

希格斯玻色子被认为是物质的质量之源，1988 年诺贝尔物理学奖获得者莱德曼戏称为“指挥着宇宙交响曲的粒子”，大意是，因为这个粒子的存在，宇宙才变得生动、美妙而且有序的——这世界任何一个角落都充满了粒子，但有些粒子拥有质量，而有些粒子毫无质量。

打个形象的比方，在一个几千人的教室里，所有的学生都已经进场，但因为老师没来，这个大教室里面是完全混乱无序的，有站着的、有坐着的、有趴着的、有跑着的，几分钟后，老师到场、上台、开口说话，于是，整个教室安静下来，变成了有序、安静、目标一致、眼神集中的有序的整体。在这个教室，在这个特定场域里，老师就是那颗上帝粒子。

我之所以要写出这一段，就是要提醒大家，如果你希望你的营销文字在浩如烟海的社会化媒体中产生力量，那么，你就得向那个老师学习，做一个特定场域中的上帝粒子，至少在一个小组织环境中要产生影响力或者感染力。

在微博的江湖里，每个人之间的关系都是“弱关系”，没几个人是你的至亲血缘。几亿人的平台，多的是素不相识的人，大家本来毫无交集、毫不相干，你过你的生活，我过我的生活。但如果你恰恰是那颗“上帝粒子”，你就会不期然而然地激活很多游走在宇宙中的其他“粒子”，然后，你就让每个弱关系都开始围绕你，形成你的“星系”，并且带上了各自的质量。

满足你的“喜闻”，迎合你的“乐见”

文字，本身就具有一种力量，但不是每个会写字的人都会使用或者驾驭这种力量。

你看，同样是说话，你在办公室里打着免费的口水战，而郭德纲们却在用说话来赚钱——大家都是要嘴皮子的，凭什么他老郭的嘴皮子就能值钱？

郭德纲唯一值钱的地方，就是你在疲惫不堪的时候可以到他那里放松，获得开心一笑。他能让你开心，你觉得值得，于是他能赚钱，就这么简单。

同理，如果你的营销内容能够让别人开心，让别人觉得“值得”，那么你也会赚到钱。

无论哪个国家的老百姓，都有一个共同点，希望自己能活得快乐。于是他们就有了同一个生活需求：找符合大众审美的“喜闻乐见”。你看，“喜闻”和“乐见”都在这里，这是“内容”的奥妙所在，也是传播学的奥妙所在——**生产内容的根本，是为了制造喜闻乐见。**

只要你的内容满足了喜闻乐见的要件，你的微博自然就会传播。

那么，什么是“喜闻”？喜欢听、乐意听，并享受这种听到的感觉。想听到的、喜欢听到的、听后一乐的，它的内在肌理是轻松的、愉悦的、惊奇的、意外的、传奇的、传说的、诡异的、逆天的、高端霸气上档次的……

比如@人民日报 微博说：

@人民日报：以后创业，注册公司，就不再有所谓的注册资金门槛了。

比如@央视新闻 微博说：

@央视新闻：公安部今日要求解决民众办户口难、办证难问题，可以一趟解决问题的不要让民众跑两趟，凡在办户口时刁难民众的一律停职追责。(公安部)

比如@杜子建 微博上说：

@杜子建：华艺营销培训决定为应届大学生专门开始营销基础培训班，价格从原价的 9 800 降低到 3 000 元一期。

“乐见”也是如此啊，人类普遍的审美，都渴望“赏心悦目”，如朝霞晚月，如秋雨春风，微博、微信中传播各种美图的帖子数不胜数，尤其是传播美食类帖子的，只要好看，秀色可餐，必有过客来问：“谁家饭店？报上经纬度，下次去光顾。”

比如我在《微力无边》里面开篇写到的那个地铁爱情，几乎每一个读者在传播这个事情的时候，都心怀“乐见其成”的善良。

人生苍茫，爱情太少，每个人内心都渴望“爱情回来过！”

其实，每个人内心遗憾的，都会乐见到别人的生活里去实现一下，自己没希望了，就不能断了善良的念想。因此也是一种弥补吧，人生有太多的空白需要大家来一起填写，这也算一种“乐见”吧！

所谓赏心悦目，也一样是传播着轻松的、愉悦的、惊奇的、意外的、惊叹的内容。赏心悦目，当然也还有另一种表现形态，比如帮助大家消解不快，打发空虚等。

我们把传播的奥妙找出来，就不再怕自己的营销信息无人问津了——我满足你的“喜闻”，也一样迎合你的“乐见”，我给你们茶余饭后提供取之不尽的各种“谈资”，我以自己最大的善意来满足你的“赏心悦目”……做到这些，被动扩散就形成了，营销就及格了。

当我们准备好了各种“内容”和“素材”，再经过我们用心加工、有序整合以后做成微博，发布到网络上，这营销就算开始了。

一个好的内容制作出来以后，我们就要去研究传播，去研究传播介质，去寻找“投放落点”，美军用它强大的空军队伍去攻打伊拉克，去投放炸弹的时候，从来不会乱投一气，它要研究这个炸弹的准确落点，去找到投放的理由，然后才进行“精确打击”。这点值得我们学习，我们也要找到“信息炸弹”的必要落点，不要“无的放矢”。

“寄生结构”的茶营销

在微博传播的精妙上，最值得大家学习的是我的好友@茶人张赢天，他所有的微博都在做营销，几乎每一条微博都在做，你仔细去看他的微博，在他所有的原创传播里都有一个配图，而他的所有的配图都离不开他一直在营销的主题——张赢天的茶，或者“花非花”茶叶。他大部分帖文都跟他的配图无关，但他如此坚持了近三年了，在他的16 000篇微博当中，至少3 000篇原创微博都会配上他的永不更改的茶叶配图，这些配图，无不是**“寄生结构”**的。

他发布完微博以后，就开始去别人的微博里面互动，跟大家玩耍，捧别人的场子。他做人、做文、做营销，每一样都值得大家学习。

然后，他的微博就会经常形成二次传播，大家都愿意传播他的微博，也许你不在意他的配图，甚至你明明知道他在营销，但你没有反感，对他的商业意图没有一丝一毫的介意，他的每一篇文字都值得你一转，你会自愿为他做二度传播。

我就经常去转发他的微博，不是因为我们之间的友谊，而是基于自愿，这种自愿，是基于他微博的内容。比如目前中央出台新政策，给创业者注册公司扫除一切资金门槛和注册门槛，他就为此写了一条微博《业》，他说：

【业】1. 该创业创业，成败都是创始人，不要虚过。2. 该守业守业，大小都是富二代，别太坑爹。3. 该就业就业，高低都须职场拼，全靠努力。4. 该自由职业自由职业，来去都靠手艺活，还得精进。5. 该喝茶聊业喝茶聊业，甘苦都在嘴中尝，必须啜咽。

这条微博，南方电视台支持人马志海转发了，营销专家张利转发了，我也跟在后面转发了。马志海选了第五项，甘苦自知；张利选了第四项，来去自由；于是我也选了第四项，说自己也是来去自由的选项。这条微博，在我的转发项里，有52 000人阅读，估计马志海转发后的阅读量也不会少于50 000人次，还有黄文边等80多人的转发，这条微博的“二次传播”所构成的阅读量，累积起来不少于1 000万人次。

这些细节，都是值得人学习的。可能你觉得这些枯燥的传播数据并不能刺激你的营销欲望，但有另一个数字你得重视，他仅靠这些微博，每个月的茶叶销售金额就达到7位数，我问他具体销售金额，他打死不说。哈哈。

“老杜学堂”的“十度传播”

一条好的微博，不仅可以形成成千上万的转发，而且还可以形成无数轮次的传播，因为每个时间段的不同，登陆的用户一定不同，虽然只是一条微博，但在不同时段就可以形成不同轮次的传播。

一条极品微博，不仅可以形成十次以上的自转，还可以让其他网友在这同一条微博当中形成二次乃至三次转发。

比如我自己的这条微博，是告诉网友，我自己录制的“营销培训”视频在淘宝店里开始出售了。这条微博我是这样写的：

@杜子建：我讲营销的新课件（最近录制的）。淘宝上有售。(今天，我在这条微博里面选十个粉丝，免费赠送这个课件的视频《浅谈华艺营销的九阳真经（上）》。

然后，我在这条微博里面配发了讲课视频的节选。

这条微博在 2013 年 9 月 1 日发出之后一天的时间（24 小时）就被转发了 1 200 人次。总阅读量达到 121 万人次。

这条微博一开始发出来，我就做好了“**十度传播**”的准备，我要让十个人中奖，获得我的免费赠送，而每一个赠送决定，我都会在他的“求赠”微博之后转发起来，告诉他同时也告诉大家，这个人中奖了，我要在几百上千人的转发中去寻找这十个可能中奖的人。我既要考虑对方“求赠”的实际情况，也要考虑频繁转发之后给 40 几万粉丝带去的骚扰，因此，每一次转发我都要计算时间，在间隔什么样的时间段以后，我三度转发才算合适？我知道有很多人在期待中奖，也知道还有一些人在看我老杜是不是真的拿出了十个奖励，是不是在忽悠别人。好吧，你期待，我就交代。

我要站在粉丝们的角度去考虑我的传播时间分布和传播时效分布，同时还要考虑大家的情绪分布。我要选择在 24 小时中，我在哪一个时间点转发最不会带来骚扰，同时还要让这一时间段刚刚登陆的人随机看到这条微博。

这 24 小时的传播，直接形成了淘宝店的引流，第二晚结算，由这条微博倒流到淘宝的“老杜学堂”直接形成的交易有 70 多件。

破解“传播格式”

一条微博的传播结构，是有它特定的格式的。这个格式说起来简单，但分解起来有点不易。

这里，我将对微博传播格式做一个简要的介绍：

每一条微博的传播，都是由“人”来构成，而每一条“热门微博”的传播都少不了以下成员的五步参与。

他们的成员参与结构，分别是：

1. 当事人；2. 亲友团；3. 围观团；4. 成见团；5. 媒体团。

他们的时间参与结构，分别是：

1. 五分钟；2. 半小时；3. 两小时；4. 五小时；5. 十小时。

他们的心理参与结构，分别是：

1. 要告知；2. 要帮忙；3. 看热闹；4. 等出事；5. 找新闻。

其实，每一条高度转发的微博，都是可以进行传播破解的。当我们对这些传播格式进行了准确破解以后，我们自己制作营销微博的时候就应该考虑到每一条微博所能涵盖到的大众心理结构、大众成员结构和大众参与的时间结构。如果没有这些格式上的考虑，那么这条微博很难形成高度传播。

如果我写得还不够明白，你们可以在微博上再去搜搜**#帮助汪峰上头条#**以及**#哥伦比亚大学#**，这两个事件，都值得深度研究。

08 一条微博能走多远

@杜子建

只要微博没有被物理性删除，那么这条微博就很难进入绝对终止，因为你无法料到未来的哪一天，这条微博会突然“活”了……

微博是不是个菜市场

讲微博传播，我们少不得要谈谈原始传播。

100 年之前的社会，如果你想传播一件事情让大众知道，你会选择去哪里散布？

答案是，你没有选择，你只能去菜市场，或者换一个词，叫集市。除此之外，你还会有第二个选择么？没有，你只会选择人多的地方。

去集市，有两个好处，一是去赚点小钱，二是去造点小谣，然后再顺手收集点谣言带回家跟老婆或者邻居吹牛去。这是资本——信息源占有的越多，就越是能获得左邻右舍的喜欢。**这是最原始的“情报员”的由来，也是“八卦”的前身。在现代社会标配的微博上，这个动作叫“转发”。**

原始乃至如今的菜市场或集市中，主要有两类商品在集中贩卖：

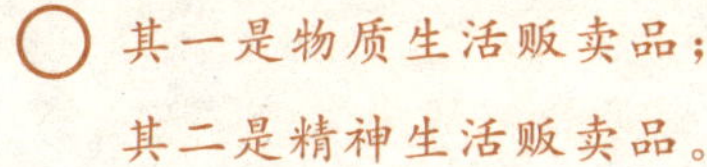

其一是物质生活贩卖品；
其二是精神生活贩卖品。

而这两种商品，在菜市场都是粗坯商品，如同买菜你需要回家进行精细化加工以后才能消化一样，精神商品也是一样需要精细化加工而后才能高价贩卖的，由此，后来的聪明人才发明了广播、电视、报纸、杂志等现代造谣工具。因为当人们的生活品位提高以后，他们需要更高级的谣言平台。聪明的商人洞悉了其中的市场价值——**深度加工的精细化谣言能够满足更高生活品位群体的需求，帮助这个群体从菜市场信息源中解放出来，进入高等生活区域是可以赚大钱的。**因此，电视和互联网才被智商更高的人研究了出来。

可是，经受一段一段的谎言洗礼之后，好多人明白过来“上当”了，发现自己被高级媒体欺骗了几十年，他们突然明白了，开悟了，他们觉得自己的生活需要正本清源，于是网络媒体被发明出来，BBS被发明出来，SNS被发明出来，后来更狠更便捷更利于回归谣言乐趣的小道消息窗IM也被发明了出来。

人们最终想明白了，生活的本质就是需要杂草丛生，需要粗制滥造，需要毛坯，需要嘈杂，更需要随便的。而那些所谓的精致生活，那些被剧情化了的风雅，那些井然有序的派对，那些贵族化的情调，一个个无非都是骗术阴谋的翻版，它让你活得索然无味，活得一无所知，活得苍白单薄，于是，大家都起来反对，反对这种“被加工”、“被剧情”和“被代理”的生活。于是，更随便、更粗糙、更好玩的微博被“粗暴”的人们研发了出来。

微博来临，以现代文明标配的形式进入我们的生活，突然，我们觉得可以随便生活了——我们可以随便写字，随便骂人，随便牢骚，随便放屁……生活，开始进入个体时代的狂欢期。

微博是不是一个菜市场？

就信息洪流的流量而言，微博是人类少见的超级大菜市，它里面一样在贩卖两类商品——物质商品和精神商品。而且同样，两类商品都是粗坯化的。这些粗坯，需要你自己选择、判定、然后进行属于你自己的“加工”。

一样吧？

既然一样，那么其中值得研究的事情就会变得简单了，只要你曾经去过菜市场。

假设你是个八婆，你去买菜，顺便携带一个信息，打算在集市上跟大众分享，并且，你希望让更多人来分享你的信息，于是你就绘声绘色地讲起来了。你说，“生产队长牛二，昨晚查夜到三寡妇家，顺手把三寡妇给那个那个了。”

好了。不管你这个事情是真是假，反正只要是个八卦，一定立马就会一传十十传百了。最后，这个谣言或许会变异为——牛二昨晚把六寡妇给强奸了。

散布谣言是你的权利，但传播和加工谣言却不再受你控制，即使最后你想把这个谣言收回来都没有可能了。因为这个信息会自己奔跑，在每一片嘴唇上滚动加工后进入更多的群体。

但如果你说，“生产队长牛二，白天在农田里面赶走了一头吃麦苗的牛。”那么，这个信息会走远吗？应该不会传播到第四个人，除非这第四个人是喜欢拍马屁的，否则，他不会无缘无故地去为村长的行为塑造一个活雷锋。

这两件事情的主角相同，传播结果却差异很大，那么，这个事情就值得研究了。

“牛二＋晚上＋寡妇”的信息结构，是具有巨大**信息张力**的，这个信息张力也叫**信息当量**。而“牛二＋白天＋耕牛”，就是一个常态信息，毫无信息张力，毫无想象空间。没有想象空间的信息，就没有被进行加工和传播的必要，除非给这个耕牛制造更匪夷所思的谣言，说是一头发情的母牛，而那就简直是非人道的造谣了。

由此可见，微博上的无数信息不再被他人二度传播的根源就找到了——**没有信息张力，缺乏想象空间，才是终止传播的唯一症结。**

信息进行到这里，有两个关键词出现：

1. 信息当量

2. 想象空间

由这两个词回溯到之前我们所分析的姜子牙和周文王的合谋上，我们就会发现一个社会行为学和社会心理学的轨迹：

其一，传播的构成，首先需要信息源有足够的信息张力，可以为听众提供更多的想象空间。其次是，这个想象空间是否具有传奇色彩（或说反常）？

其二，坏人坏事便于传播，傻人傻事便于传播。好人好事、常人常事，就没有传播的力量了，除非国家机器发力推动。

人，不是向善的，人性里面，从恶如流反而是正统。比如上微博，大多数人不会是上去找良民，找好人好事的，大多数人上网，都有一个主要动机——谁又出事了没？谁会比我更倒霉？

因为这个社会的主题内在气质，还是以“无聊”为主，只要你无聊，你就敢等待他人出事。在这里，我们暂且不谈人性，换个更重要的话题——我们需要追踪，在这个传播的轨迹中，信息究竟是如何形成，如何流动的？

同一个实验，为什么差别那么大

微博初来的前几个月，多数人都对这个小东西充满了好奇，都知道是个新鲜的东西，都知道有趣，但都不知道它究竟意味着什么。

身在厦门的@赵小波 老师和身在北京的@马旗戟 老师都曾经在微博上讨论过这个话题——微博究竟是什么。

于是在 2010 年 4 月，@赵小波 老师发起了一条微博，他试图从地理上研究一下一条 140 字的微博，用 10 个小时的时间，看它在微博传播上究竟能走多远。

○ 他的研究方法是，由他发布一条微博，让所有看到并愿意转发这条微博的网友标注自己所在的现实生活中的位置。这条微博早上 9 点由@赵小波 老师发起，然后用了 10 个小时的时间，总共溜达了 13 个国家，中国的一线城市全部到达，二线城市也是大部分覆盖。而当时赵小波老师本人的总粉丝数还不到 1 000 人。

为了更准确地了解一条微博的传播轨迹，本人在 2011 年 5 月 9 日下午 4 点再次进行了相关测试——跟赵小波老师的玩法一样，让每一个参与者都在回帖中标注自己所在的地理位置。

○ 这条微博发出不到一分钟，第一个转发人是北京邮电大学的@也门。其后，迅速传达到了长沙公交车上的@子小王君。在此后不到 10 分钟的时间里，这条微博就先后抵达了瑞典、挪威、法国等欧洲国家。同时，在前 10 分钟的转发里，北京、上海、广州、杭州的网友比较多。

接下来，这条微博的足迹开始分散，无数个箭头开始指向不同的地域维度，东南西北都有。

这是一个有趣的微博活动，它突然展现出很多维度：**活动本身的趣味性、网友的行为研究、网络的应用研究、传播的理论研究、发帖者的影响力发现、以及参与者的思维启发……**

东方仁德传媒机构副总裁潘建新（@真老顽童）在这条微博中说道：

@真老顽童：（理论上讲）一条微博能走多远：1. 地理位置是无限的，只要有互联网的地方，就可以走到。2. 人文位置是有限的，无论怎么转发，都逃不出微博圈子。3. 社会位置是立体的，只要有媒体存在并转而传播，就能形成完全立体的位置。决定一条微博能走多远的核心是：关注度。这就是介于传播学与社会学之间的新概念。

清华大学公共关系与战略传播研究所的公共事务主任寇佳婵对此进行了概括性描述："可否理解为一条微博能走多远有三个方向：地理位置、心理位置和影响力。"

我对老潘的回复是："**影响力、传播力、信源能量、关注度、粉丝结构、粉丝的粉丝分布和构成、整个微博的传播动能、二度传播的轨迹，都是可以通过这个测试进行观察的。还有环形传播和伞形传播的形态，应该也都能观察到。**"

这条微博 24 小时的（24 小时之外的不做统计）传播情况是这样的：

- 它总计被转发了 624 次，总计被评论了 432 次。它抵达次数最多的国内区域：华北地区 152 次，华南地区 134 次，华东地区 137 次，华中地区 95 次，西部地区 109 次，海外 14 次。评论数则以北京、上海、广东地区为主。（见图 7—1）

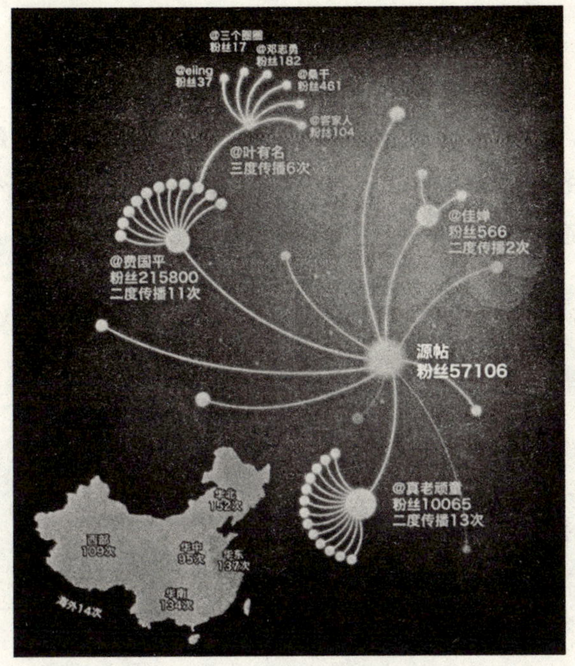

图 7—1　一条微博能走多远

而其中构成“伞形传播”的，有以下几个重要的参与者值得研究：

1. @真老顽童（潘建新），其粉丝数为 10 065 个，由他连续三次转发后所形成的二度传播是 13 次。
2. @佳婵（寇佳婵），其粉丝数为 566 个，由她转发之后形成的二度传播是 2 次。
3. @费国平，其粉丝数为 215 800 个，由他转发之后形成的二度传播是 11 次。而由费先生转发给到@叶有名 的时间轴上后，由叶先生转发所形成的三度传播是 6 次。而在叶先生所产生的6次转发中，粉丝最多的6个人的粉丝总数是801个。

由此观察，**一条普通微博，首轮传播的传播者的粉丝数和粉丝值偏高，二轮传播的传播者的粉丝数和粉丝值偏于中等，而三轮传播的粉丝数和粉丝值都才是刚刚形成。**

比如在@叶有名 页面上转发此帖的6个人，分别是@eiing（粉丝37人）、@三个圈圈（粉丝17人）、@邓志勇（粉丝182人）、@桑干（粉丝461人）和@客家人（粉丝104人）。

而作为二级传播的代表，@费国平 先生转发所产生的新转发者的粉丝总和是32 100人。

而作为发帖者的我本人，粉丝总数是57 106个。而假设转发我这条微博的624人的人均粉丝数是500人，那么这个转发的粉丝总和则不少于30万人。

这个观察基本上能够体现，**微博传播的正常衰减跟粉丝数以及粉丝值成正比。**

其实，微博上的传播衰减，跟我上文提到的粉丝层级有着明确的逻辑关系——粉丝值决定传播力。

一条优秀微博的传播峰值，也就是在一个小时之内。在本帖发表后的一个小时内，它总计被转发了416次。其后的衰减过程非常明显。

这个衰减过程中，有两个概念需要提到，**一是心理衰减，二是物理衰减。也就是说，首先，一条微博的新鲜度是跟网友的心理活动有微妙关系的，其次，正常传播下的各位参与者的关注和被关注数，是物理衰减的重要指标。**

另一个有趣的对比是，在我发出这条“调研”微博之前，5月6日，另一位朋友，也用同样的方式进行过相同的调研。

@浩然大气：【测试】在新浪，一条围脖最终能走多远？不妨来做一下试验。有兴趣就转发，并请标明您的所在地。我们看看它走的范围有多广，走过的地方有哪些？

@浩然大气（中顾网总编辑徐浩然），当时的粉丝数是 126 300 人，但其微博的转发和评论都没有超过 10 次。

这个观察中另一个需要关注到的，是你所发表微博的信息量。比如之前比较火爆的@傅蔚冈 先生，他因捐助药家鑫案中张妙家的孩子而一夜成名。

@傅蔚冈：从今日起到 4 月 30 日 00：00 分，凡转一次本微博，我将为张妙女士的女儿捐助 1 元人民币，有愿意转?!

令傅老师吃惊的是，这条微博在不到一天的时间里就被转发超过了 10 万次。如果没有更多知名网友的理性制止，这条微博转发百万都有可能。此帖最后暂时性停留在这样一个数字：转发 367 081 次、评论 100 640次。

关于“一条微博能走多远”的观察中，还需要考虑到另一个概念——时间。

在地理（空间）概念上，上面所说的这条微博已经有一些数据体现，那么，**在传播时效上，有没有存在其他可能？走多广和走多长，是否遵循一样的传播**

轨迹？一样是衰减式的？

结论显然奇特，我本人有一条微博一直在“活着”，这条微博是讨论“口才是谈判活动中最次要的东西”。自 2010 年发出，直到今天仍然存活，并可以明显看出它还会被大家不停地“传染下去”。

> **@杜子建：** 一个顶级谈判手，口才反而是最后一位的。其合理排序是：1. 扎实的数据支持；2. 严谨的逻辑支撑；3. 优秀的社交礼仪；4. 敏锐的环境洞察；5. 机智的话题嗅觉；6. 得体的气场控制；7. 普通的口才表达。【看，口才是最后一位。】

这条微博到今天为止已经被“转载”了 256 次，被“盗版”了 271 次，而@电影工厂 先生署名引用之后，这条微博在被转发了 4 685 次以后仍然在继续“活动”，而它的转发是从 2011 年 2 月 23 日开始的。

这条微博的传播时长，在微博上应该不是最典型的，但其他人的微博“活帖”不会体现在我的时间轴上，因此我对这些“活帖”的研究只能去参考自己的时间轴。

我相信，玩微博的，每个人都会在自己的时间轴上遇到很有“历史感”的老微博被他人翻起的情况，看到自己写的“老微博”突然在某天浪迹归来，那种感觉是很亲切很温暖的，如同遇到故人。

关于“活帖”，我个人的经验是，一个值得继续思考的观点，一个没有结局的故事，一个未被证实的谣言，一个经久不衰的经验，一个还未判决的案件，一个等待论证的公案，都可能在微博上“活跃”很长时间，老网友激活之后，新注册的网友一旦发现这个“活口”，就会毫不犹豫的“激活”下去。

而每一个事件或论点，都少不得一个创始人，一个“发轫端”，而后相连的就是“传达端”、“发酵端”、“爆发端”——这是一个“热帖传播”的必然轨迹。

发轫端，疑似谣言

有一个经常被我们大家忽略的有趣现象：**所有的事件类的微博，在传播的肇始期，都只是“疑似谣言”。**无论这个事情是否已经真的发生或即将发生，只要它经由第一个“发布者”开始传播，都会伴随一个关键词——将信将疑。人们对事件发轫端的将信将疑几乎是天然的，无论发布者是否权威，是否具有公信力。无论发布者是统计局局长、商务部领导、外交部部长，还是你的邻居、八婆、过路者、远方来客，你都一样要经历第一阶段的“存疑”。

存疑，是微博警觉的全部，也是微博自证的灵魂，是人类精神活动上自我防范的天然性格之一，就算他口头上承认你说的这件事情是真的，他心底一样保持了某种对“假”的警惕，除非他亲眼看见。如果你说的这件事情涉及到他的切身利益，他的这种警惕会进一步强化。他在点头认可中将信将疑。所以，中国自古就有一句提醒人们保持高度警惕的成语“百闻不如一见”。**人们最基本的首席信任，只会来自于眼睛，其后是证伪，最后才是证实。**人们对待姜子牙的“直钩钓鱼事件”的态度正是如此。

比如统计局曾经发布了一条信息，说中国13亿人口人均收入在2010年达到了9万元人民币。你信么？信不信不知道，但我肯定你会“会心一笑”。如同菜市场归来的张三一样，他说："我的妈呀，今天的大蒜涨价涨得太狠了，竟然是8块钱一斤！"只买过2块钱一斤的人，听到这样的惊呼他会信么？他不信，他或许会跑到菜市场去证实一下。股民的心态更是如此，你说，我告诉你啊，明天啊，股市会大涨，直奔5 000点。你说听者信你不信你？

事件的第一个听众，无论如何都会保持天然的警觉和怀疑。他会向下一个传播者求证，以求证乃至求助的口吻去打听这件事情可能的真相。但有趣的是，他在求证的过程中可能将第一个传播者的信息进行了"无意识加工"，甚至更可能是"有意识的加工"。于是，这个疑似谣言顺利进入第二轮传播。从此，谣言开始进入到各种类型的加工流转之中。所谓三人成虎，众口铄金，一件好玩的事情无论真假都已经进入了"转发程序"。这也就印证了鲁迅先生的那句名言——世上本没有路，走的人多了也便成了路。

在"钱云会事件"中，存疑的力量，对整个事件的传播发挥了巨大的作用，以致直到后来没有任何人能"证明"钱云会死亡的"真相"。到今天为止，无论你说钱云会是死于车祸还是暗杀，都无法让所有的人对这个"答案"表示满意。

人们在讨论一个事件真伪的过程中，他们最大的信任只基于一个核心点，这个核心点叫做"我以为"，其潜意识的渴望是：**如果"你提供的答案"跟我内心的那个"我以为"存在差距，那么，请原谅我对你保持的不可解除的"存疑"。**

"钱云会事件"无疑会成为中国版的"罗生门"，每个人都有属于他自己的"我以为"，更多的人都只基于"我以为"来判定事件的"真相"，是判定而不是判断。这才是传播的可怕之处。

也就是说，**只要一个事件的真相存在疑问，那么这个事件的传播就不可遏制，无论你如何封杀，嘴巴和内心是无法阻止的。**

传达端的强化力

疑似谣言的第二轮传递，是需要一定的强化力的，否则，这件事情无论真假，都会降低传播速度。

疑似谣言在传递过程中如果遇到一个结巴或者一个天生有语言障碍的人，这个事情也许就从此消隐了（传播终止）。但是，如果这第二个传递者具有一定的信息加工能力，再附加一点个人情绪，那么这件事情就会进入第三波“发酵”——流程化传播。

任何一个事件的传播，如果经过信息加工（提炼或附会），它的发酵能力就会根据传播者的语言以及表情天赋而变得可大可小。

◯ 比如说之前在微博上发生的著名谣言“张国荣复活”事件。这个事情，如果是广西北海南沟子村东田小组的二麻子说出来的，大家无疑会把它当成一个二愣子的笑话听听也就完了。但偏偏，这个事情是具有相当传播力的郭敬明先生发布出来的，而郭老的粉丝，是基于情感跟随而信任郭敬明的。拥有 2 381 805 个粉丝的郭先生的传播力非同小可，“张国荣复活”的微博，一经郭敬明发出，在不到 10 分钟的时间里面，就被评论了 8 321 次，转发 1 024 次。也就他这么一说，事情闹大了，在当晚不到 2 个小时的时间里，这个“谣言”就被转发了 30 多万次，甚至一度造成新浪网服务器瘫痪。

服务器瘫痪的主要原因，就是无数（超容量）网

友参与到证伪以及“等待证伪”的在线阵容当中。因为他们从理论上，从逻辑上都不相信这个借尸还魂的事情会真的发生。他们等待，质疑，并期待着无论真假的一个结果。

数以万计的网友都在发表一条相似的微博：“张国荣复活，已经回港？真的假的？守候在香港机场的媒体，到底是什么情况啊？”最后，这条微博，导致郭老惊慌失措：

> **@郭敬明：** 你们……都别打我的电话和发短信了，我不会说的……如果有天我消失了，很可能就是因为这个微博……（我的心脏深处此刻在剧烈地爆炸啊……各种蘑菇云……）

传达端的强化功能让具有强大传播力的郭敬明自己都惊慌失措了。其实郭敬明自己是知道自己的传播力量的，但是，他肯定不知道“谣言的传播能量是他本身传播能量的两倍乃至三倍”，他不知道这是为什么，他不知道谣言本身就潜藏着自身的爆发力。因此他只能惶恐不安。

最后，他终于知道自己犯下了一个比抄袭更愚蠢的错误——事情搞大了。他把这条谣言微博删除，然后，就是煎熬般的等待，因为他知道，第二天天亮，他唯一能等来的，就是铺天盖地不堪入目的谩骂。

可以肯定，第一个造谣的人不会是郭敬明，他不过是这个传播事件中最为关键的人物——具有强大的信息强化功能的“点客”。

最具有传播力量的谣言结构就是“张国荣复活”这样的单纯结构——“通俗，易懂，便捷，上口”。而140字低门槛的微博，天然地具备这样的特质。

另外，**传达端最具传播威力的要件是“准确的描述”、现场未经加工的视频、现场去蔽的照片或者一个可以确证的当事人录音等。**

如果“张国荣复活”这一信息，再加上一条可以证明“复活”的照片，那么这个事件的传播效果将变得更加可怕。好在无论是谁，在传播“复活”的过程中都无法提供“可证”的照片，他们最多只能发出张国荣的“生前照片”。

而“宜黄拆迁事件”，那张著名的“玻璃后面的照片”，毫无疑问将“宜黄事件”的传播威力发挥到了极致，如果不是这张照片的“现场威力”，这个事件也许要花很长时间在“质疑和存疑”中耽误着。而“宜黄拆迁照片”把所有可能存疑的人的存疑心理直接“解决”——无须存疑、不能耽误、赶快传播。于是，如大家所料，宜黄县委几个县干部全部“就地下岗”了。

同样是拆迁，发生在湖南株洲的“拆迁自焚事件”在传播过程中基本上没有任何人发出质疑，而是由一个真实的视频直接将微博传播发挥到极致，此后，株洲法院所遇到的网络舆论压力可以想象。同时，关于株洲法院“内部会议讨论的应对策略”也被网友转发到微博上，这个“应对策略”是真是伪并不重要，重要的是，株洲法院不得不严肃对待这一事件中的核心问题并通过官方渠道来公布他们的“修正”。

在微博传达端，一个信息源所配备的照片的真伪、视频的真伪、文字的真伪、录音的真伪，都将直接决定这个信息源的传播速度和传播能量。

○ 其中，代表性的事件有“广州塔被雷击”的微博，一个网友发布了一条“广州塔在半小时连续被雷击”的微博，被转发了 10 883 次，最后被网友指认此图片造假。但是，造假归造假，传播的威力已经形成，即使被新浪微博官方处罚，这条假新闻的传播力所造成的传播事实也已经无法挽回了。

在微博上图片造假，以骗取粉丝和人气，一直都被网友所之后病，但这个东西跟吸毒一样，大家都反对，却依然阻止不了吸毒者对毒品的迷恋。

发酵端的威力

发酵端的威力可以借用 2010 年发生的一个案例来解析：

2010 年 11 月 10 日，家住中牟县郑庵镇 76 岁的张会全和老伴陈桂香为了给瘫痪的儿子筹钱治病，赶着毛驴车，装着胡萝卜、红薯等自家种的蔬菜走了八个小时的路程到郑州贩卖。结果在建业菜市场被城管执法人员连扇耳光。

这个事件被第一个人转发出来的时候，就已经配发了现场图片，因此，这个事件无须证实或证伪，**图片的说服力是文字说服力的 100 倍乃至更多，它几乎可以代替眼睛，让所有人体验到“现场感”。**因此，这条微博根本不需要进入了“传达端”，而是直接进入了“发酵端”。

发酵，来自于积怨，来自于“由来已久”的不可理喻，来自于“关键人”在其中“点破”要害。发酵，必须要有它原始的酵母。

因为人类共有的敬天爱人的情怀、因为生活艰难、因为每个人都有母亲、因为城管早已被网友责骂为这个社会“最大的毒瘤”，因为以上种种的“由来已久”。所以，每一个看到此帖的人都毫不犹豫地表达了自己的情绪，“侠客帝国”的侠客威力被迅速激活，每一个阅读者都参与到了对这个事件的声讨当中，有人说了粗话，有人对城市管理失望了，有人抱怨着体制，有人提供法理上的解读，有人从人性角度来分析城管群体，有人从社会发展的角度来分析此事，有人从政策的角度提出了批评。

无论如何，这个事件，在高速发酵，它在瞬间形成了一边倒的批评，并且各路网友根据自己不同的学识见解对此事发出了各自的声音和看法。

发酵端的威力，就是将一个看起来单一的事情，从所有可能的角度进行单向解读，而后形成“舆论凌迟”；它的多维化解读足以让所有的社会学家望尘莫及。人们会从政治、经济、军事、文学、哲学、社会学、心理学、管理学、物理学、伦理学、法理学等学科当中找到自己的理论依据，来鞭笞批判和羞辱这个事件中违背道德、违背法律的一方。

经此发酵后的事件结果，所有人都可能猜到——必须有人倒霉，必须有人为此负责，必须有人为此付出代价。

果不其然，大河网很快发出了一则相关新闻：

“76岁菜农卖红薯与郑州市众邦物业服务有限公司人员发生纠纷”一事。金水区委、区政府高度重视，立即召开由相关部门参加的紧急会议，决定迅速成立以区纪委、区委督查室、区政府督查室组成的联合调查组，查清事实真相，从快进行处理。11月10日下午，联合调查组进驻未来路街道办事处，对报道反映的问题进行调查，对派出所出警民警及街道办事处等相关人员进行谈话取证。当天晚上，未来路街道办事处组织相关人员对两位老人进行了慰问。

11月11日，郑州市众邦物业服务有限公司对报道中涉及的本公司人员张国选予以辞退，并通过媒体向两位老人道歉。11月13日，金水区委、区政府主要领导召集会议详细听取区联合调查组的情况汇报，鉴于所造成的社会影响，经区委、区政府研究，做出进一步处理决定。

一个事件的发生，如果传播到微博上进入发酵，那么这个事件就很有可能形成一个巨大的舆论事件，并将对事件当事人、责任人、责任方领导、当地相关政府机构形成极大的压力。

由此可见，但凡涉及苦难民生的，不公的、非正义的事件，一定得让网友看见了“讨回公道”为止。而且，你最好从重从快。否则，你后悔都来不及。

爆发端，一爆即发

爆发端这个词，其实是我最不想写，但为了更好的探究微博传播，我却必须诚实展开这一关键词的内在威力。

因为无论从企业管理角度还是政府管理角度，谁如果忽视了“爆发端”的形成与结果，谁就会为此付出惨重的代价。而且，这样的代价不可预料——小到樯倾楫摧，大到生灵涂炭。

凡是可能走向爆发端的事件，必有它独特的爆发点。

从社会学的角度去分析，在所有重大历史事件中，爆发点的形成都有它独特而相似的共性——**不要轻易碰触人类灵魂深处最柔软的怜悯之心。**

怜悯、恻隐、同情、愤怒，如果这四种情绪同时叠加并顺利形成公共情绪，那么可怕的群体性社会事件，必将发生，并且，覆水难收。

这里，不得不提到“药家鑫”、“李庄”、“钱云会”、“7·23”、“郭美美”。微博上无数个“敏感事件”都存在过各种“爆发”。

7·23动车事件，无疑是“爆发端”的经典例证。

一列动车，运行时间不长，是中国拉动内需、抵抗金融危机时最重要的一个基础设施项目，各路专家都公开表态说中国的动车是世界上最高速最安全的列车，并有领导在央视自信地介绍了这一“伟大的高科技产品”，但是，恰恰是全世界最安全的列车闹出了全世界最不安全也最不可思议的可怕事故——追尾了。

车上有多少人？都是身份证登记买票的，但为什么此列火车上的总人数迟迟不能公开？到底死了多少人？伤了多少人？

最初，公开确认死亡的是35人，网友怀疑不止这个数字，第二天重新公布的时候是38人，网友依然不信，后来又公布是40人……

一而再再而三，网友愤怒了。

再加上传闻说，铁道部打算掩埋事故列车，即使最后证明这是一个“误传”，但是各路网友在情绪的最高点，他们不会去判断这个事情的真假，因为你自己官方公布出来的死亡数字都不靠谱，至于网友说你是否真的掩埋又何必去证伪？

大家发怒，一级级质问，愤怒的声音达到了极限，甚至有网友主张前往出事地点。

事态，在这样的情绪中随时会失控。

而恰恰在第三天晚上，铁道部发言人因过于紧张而发表“至于你信不信，反正我是信了”的言论。生命不可亵渎。面对一个孩子，在你们公开宣布“事故现场没有生命迹象”而打算“收尾”的时候被人救出（还活着），作为官员无论如何都没有理由说出“这是一个奇迹”。

7·23事件的整个传播轨迹，都是基于对“抢救”的不信任，对自身安全的“将心比心”，这个社会，谁惊动了公共恻隐，谁就要为此付出成长代价。

传播终止，抑或开始

微博上，无论哪一条微博，理论上都不会形成“绝对终止”，只要互联网存在，那么，每个人的微博，在理论上都会“存在下去”，都会有一个遥远的“长尾”。

但理论归理论，在目前的微博环境下，表面上的传播终止还是会经常发生的。

纵观微博这两年多来的发展，它经常性出现的“传播终止”主要有以下三种形态。

人为终止

在目前的微博环境中，出现最多的“传播终止”是“人为终止”，也就是物理学概念的强制终止，比如说那些涉及到“敏感话题”和“反动话题”的微博，管理者是不可能任由其发展和传播下去的，其一是作为商业公司的微博拥有者不答应，其二是维护和谐的相关部门不答应，这种事情发生在任何国家，其强力部门都会有相应的“管理措施”。

比如说本·拉丹的手下去twitter上发布一个呼吁恐怖分子利用恐怖行为袭击美国的微博，我想，这样的微博无论发生在哪个国家的网站上，其网络管理部门都不会坐视不管，在互联网环境之内，任何国家都不会容忍恐怖和邪教微博的存在，这点是毫无疑问的。

当然，由于执政理念的不同，不同的国家就会有不同的“敏感词”，也许我们国家的敏感词比国外多一点，也许我们国家的敏感词比国外少一点，多多少少不重要，重要的是，每一个国家都有他独特的敏感词，有一些是关于天理人伦的，有一些是关于谋财害命的，有一些是关于造反革命的。这很正常，无论谁是执政党，都会这么干，即使你内心非常民主，但毕竟每个人或者每个机构都有他自己的恐惧。微博小秘书的最大作用，就是帮大家来解决内心的恐惧。秘书，其慰藉作用大于管理作用。

除了强力终止所发生的“人为终止”以外，另一种终止是作者自己删除了自己的微博——自我终止。

微博上经常出现这样的表述：该微博已经被原作者删除。这大多是因为作者觉得他这条微博“不合适”，于是，他自己就将他所发布的微博删除了。

有很多涉及“不必要的私人话题”的微博，作者自己发觉不合适以后，也会主动删除。而更多涉及公共利益的微博，作者也会在适当的时候删除。还有一些，是因为“可能产生某种危机”而被删除的。

总之，微博上的“人为终止”每天都在发生，而且其发生的形态各种各样。

自证终止

自证终止，大多是涉及他人或者公共话题的微博。

微博有其独特的“自证功能”，严格地说，这个自证也还算“他证”的范畴，但是，是因为基于一个共同的微博环境，且只是在微博之内自行解决，因此，**我们的这个“自证”是指微博本身的自我证明，而不是突破微博之外的第三方指证（证实或者证伪）。**

◯ 2011年5月，本·拉丹被美国军方击毙的消息在微博上被爆发性转载，但是，其中一个极其重要的“击毙照片”是典型的造假，资深网友当即指出：“目前流行在微博上的拉丹被击毙的照片早在2009年就流传在BBS上，那是一张没有任何依据的造假照片，美国官方目前还未曾公布当日击毙的相关图片。”

微博的妙用就在于，当你想在微博撒谎造谣的时候，游走在微博上的“各路神仙”随时都可能以当事人或当事人亲友的身份出来指证事件的真伪，其中，在微博上最为著名的“科学大仙”方舟子就是一个“活证据”。唐骏先生的西太平洋大学学历，就是方舟子“踢爆”的，他以自己对西太平洋大学的调研来应对唐骏先生的《我的成功可以复制》的相关内容，以证明唐先生“说谎”，最终弄得唐先生一度离开微博。

微博上最经典的自证莫过于“金庸被死亡”和“张国荣复活”，而另一个轰动一时的自证案例也是涉及香港的。

◯ 有人在2011年3月下旬发帖说：“享有国际声誉的香港某武打明星29日去世。”这则消息被迅速围观转发，大家都在猜测这个“享有国际声誉的武打明星”是谁，但是到最后，有网友出面证伪说：“我今天还跟这个武打明星在一起吃饭呢。”于是@微博辟谣 正式发帖，谴责造谣者。

每一次网友的自证，都可以及时让一个谣言进入终止程序，如果拥有25万粉丝的微博官方辟谣者@微博辟谣 亲自出面指证或澄清，它就会立即产生终止作用。这个“工具”我建议所有网友和企业、机构官方微博都应该予以关注。

自然终止

理论上讲，只要微博没有被物理性删除，那么这条微博就很难进入绝对终止，因为你无法料到未来的哪一天，这条微博会突然“活”了，被另一个不知名的网友翻起并实行传播。因为，理论上讲，微博发出后没有发生传播（没有评论、没有转发），它只能说是“暂时静止”，而不是“传播终止”。它可能会迅速被信息洪流所淹没，就跟人死了被掩埋一样，但是，掩埋的死人也有在某一天被“发掘”的可能，考古学每天都在干这个“挖坟”的事情。**微博也一样，微博上也存在挖坟者。只要你的微博还在，“在”就意味着下一次的传播可能。**

前几天，一位新疆的网友于 2010 年发布的关于“二奶”的微博就突然在 2011 年 9 月“被激活”了。早在去年，因为该网友粉丝过少而没有形成传播，因此她的微博只能算“暂时静止”。最近被激活，就是典型的“挖坟式激活”，但这个激活，在传播一段时间以后，也必然走向“自然终止”。

微博跟谷歌一样，也有自身平台的搜索引擎，它随时可以借助关键词搜索，翻起任何一个词语相关的“古老的微博”，而如果这条微博恰恰与自己的搜索相对应，它就会被人“挖坟”并引发延时传播。

当然，很多人写完微博后，由于粉丝数偏少，或者由于话题的“个人化”而无法引起传播，而是进入自然沉寂，这是很正常的，但不能因此而认定该微博属于“传播终止”，或者换个词，叫“传播中止”更准确。

传播中止，是每天都会大量发生的微博现象之一。

微博上的信息洪流，每一条信息随时都有被淹没的可能。而在微博上能够形成传播的信息大多是基于三个原因：一是粉丝数达到可传播基数，二是粉丝值达到可传播基数，三是微博信息具备了天然的传播当量。这就如同本书开篇的“寻人信息”一样，如果你的微博能够引起别人的“好奇”，那无论你是否拥有粉丝数和粉丝值，都会引起自然传播。

而任何一条“高转微博”都会在一定的时间内走向“传播衰减”，跟一棵小草的生命一样，它是有自然的生命规律的，春夏秋冬，时序更替，总得有鲜活和枯萎，有高潮就有衰减，否则，微博就真的太可怕了。

它不会不朽的，不会。

09 微博的四大属性，让一切落地生根

@杜子建

微博兼具社交属性、媒体属性、渠道属性和平台属性。对名人而言，其媒体属性大于社交属性；对草根而言，其社交属性大于媒体属性；对企业而言，其渠道属性大于平台属性；对机构而言，其媒体属性大于渠道属性。

不得不说的“四大属性”

微博，不同于以往存在的任何互联网形态，以至于很多网络研究者为了定义它的属性而争论不休。它太新了，新到没有任何可以参照的历史，它自己的生命至多才过周岁，及笄、弱冠都还早着呢，但老辈的人都说，看一个孩子，是一岁看小，三岁看老。从目前的微博发展态势看，有些东西是可以找到轨迹并可以尝试着预测它的未来的。

根据我长久的观察，综合来说，微博，既有社交属性，也有媒体属性，同时也具备渠道属性和平台属性。

◯ 对名人而言，其媒体属性大于社交属性；对草根而言，其社交属性大于媒体属性；对企业而言，其渠道属性大于平台属性；对机构而言，其媒体属性大于渠道属性。

但有一些特例，比如说人群化的，规模化的，群体化的机构需求，它是属于管道结构的，是平台属性的。**更重要的是，作为微博运营方，微博本身的平台属性才是最核心的属性——微博拥有者无须考虑它的**

任何属性，他们只需要把它做成平台，任何人都能在此获益。名人也好，草根也好，企业也好，机构也好，都只是这个平台上的获益者。

关于微博的各种属性，我们尝试做出如下划分（见图 8—1）。

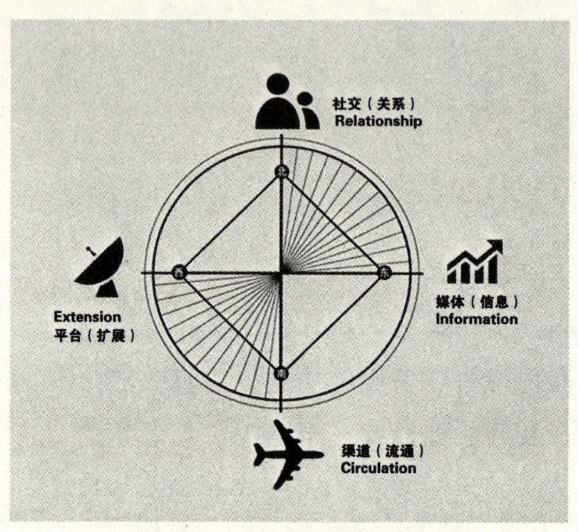

图 8—1　微博的四大属性

社交，现实关系链的虚拟迁徙

微博的社交属性一定是基于“人”，并且会作用于“人际”的。**微博之所以被大家定义为“人媒体”，也正是看到了个体与个体之间的“广播”环境已经诞生。**以前的手机通讯模式是一对一的，只有逢年过节时候的短信，才可能产生一对多，而微博来临之后，它突然之间完成了“个体广播”的使命，而且可以形成“多对多”、“群对群”的对接。

大家都知道，社交就是交朋友的意思，其本质是“发生关系”。社交一词理解起来特别简单——交朋友。但是从“发生关系”的角度来看，“社交”就变得不那么简单了。

我们在评价多数社会人物和社会事件的时候，总会用“关系”一词来对其加以定位：

○ 比如我们常说：这事跟我有关系吗？这事跟我没关系吗？这事跟我毫无关系。这事跟我关系不大。这事跟我关系大了。在讨论某个人的时候，我们也还是经常性用“关系”来定位自我的。比如：这人跟我有关系吗？这哥们儿跟我无关。这家伙关我什么事？这伙计跟我关系大了。

微博，就是关系。**而微博的怪异就在于，它很轻巧地将各路网友的“现实关系链”进行了巧妙的“虚拟迁徙”，“虚拟社交”和“现实社交”已经形成了比重上的颠倒。**

如果你特地约朋友出去谈事、聊天、聚餐的时候，都曾经使用手持终端上网跟网友对话，那你就应该明白“虚拟社交”和“现实社交”的颠倒。在强大的虚拟社交面前，现实社交开始变得脆弱。传统的社会行为学理论已经解释不了这个微博时代。大家都需要重新思考这个趋势所带来的各方面的巨大变化。

相反，现实关系链延伸到网络上之后，网络已经成为肉身的真实外延。**现实关系链的虚拟迁徙，将会进一步缩短世界的距离——微博是直的。**机器智能将进一步催化人们走向更便捷的生活状态，就如因为堵车而兴起了电子商务一样，网络生活的现实比重将进一步由此而加大。

以前我们经常听到“六度空间”理论，说你只要通过六个人就可以找到任何你想要找到的人，而微博显然已经改变了这些，它目前的趋势好像只需要通过三个人，“三度空间”正在形成。

而且，依我看，如果某天，移动通讯商真的在自己的“移动平台”上构建微博，那么，将来的社交一定只是“二度空间”，因为，移动平台，比如移动公司、联通公司，他们拥有一个最强大的社交数据库——手机号码。这个威力一旦实现，那么在“移动微博”上，我只要发出“交换号码请求”，那么理论上我就可以和这个平台上的数亿人当中的任何一个“发生关系”。

这个可怕而巨大的商机，不知谁能预先看到并快速实现它。

在社交属性下面，我们大致会在微博上找到以下几种“基于人际”的网络行为。

社交

社交，指社会上人与人的交际往来，是人们运用一定的工具传递信息、交流思想，以达到某种目的的社会活动。是绝大部分草根网友侧身微博的第一诉求，也是我对各路微博草根网友的首要建议。

我建议：**每一个草根网友都要重视微博的社交价值，并且一定要以实名的方式去找到你的“有缘人”。**因为，以我的经验来看，学习是人类进步的阶梯，社交是人类改变命运的阶梯。**我认为学习和社交，是人类公共活动的左脚和右脚，学习的作用是决定你将会因此结识什么样的人，社交的作用是决定你将和什么样的人一起运用你所学的知识来做事。**

当今时代，经济和社会环境的变化使得人与人之间的交往显得更加重要。因为我们只有不断地与各类人员进行交往和信息沟通，才能不断地丰富自己、拓展视野，发展事业。

社交的本质是发生关系，你结识有缘的女人，就有可能成为夫妻关系；你结识有缘的商人，就有可能发生事业关系；你结识有缘的学者，就有可能发生文化关系。社交建构关系，关系决定未来。

在现实生活当中，我们人生的第一次重大社交大多是通过学校来进行的，并以此为将来的个人前途打下人际基础，而后是踏入社会，通过自己所处的社会环境来发生社交，并由此建构自己的命运关系。俗语说，环境决定命运，那么从本质上说，“环境”这个词究竟是什么呢？是人。人，即环境。

你看大多数有点社会基础但基础又不是特别牢固的人，为什么总喜欢去各种大学报名参加 EMBA 班，他们是去学习吗？当然，学习是一个非常不错的人际诉求，但本质里的愿望，还是去“发生关系”。我的好友@廖羽翎 有一个帖子写的特别好玩，虽说她的帖子是个玩笑，但其中的微妙倒是值得玩味的：

@廖羽翎： 今天几个童鞋闲聊说，上完 EMBA 课离婚率还是蛮高的。我惊讶，陈童鞋再加一句：“这叫分拆，别的班还有重组的呢！”哈，果然是 EMBA 的，用词帖切。但好奇想问：有没有增发，减持，并购的呢？

这里面，就是一个典型的“社交满足”，如同微博的模式一样。

社交能成事，所谓一个好汉三个帮。如果你一生没什么朋友，那么当你遇到困难的时候，你将一筹莫展。相反，如果你在社会上有很多可以支撑的朋友，不说你将可能一呼百应，但至少，当你遭遇困顿时，必有朋友携手并肩，同甘共苦，共渡难关。

比如史玉柱，在他的巨人倒下之后的一段时间，如果没有他早期积累下来的那些真心朋友（如段永基等），他很难说有机会东山再起。另一个著名案例是国美电器的黄光裕，在陈黄之争的关键时期，如果没有故交张大中的出手，身陷囹圄的黄光裕就很难在国美迷局中翻盘。而他们的这些“关键朋友”无疑都是在走出校门之后结识的。

其实在微博上，基于社交的便捷而改变自身命运的案例已经数不胜数。很多人因为微博而找到工作，很多人因为微博而成为密友，很多人因为微博而喜结良缘，更多的人因为微博而踏上事业坦途，其中最具代表意义的是李开复先生所创办的“创新工场”——自李开复先生通过微博告知天下，他已经离开谷歌出来创业并力争扶植更多的年轻人创业之后，他目前的创新工厂里的多数项目人，都是通过微博而和李开复先生走到一起的。

求助与求证（一样是基于个人需求）

求助，是网友在现实生活中基于时间原因或者关系圈狭小等原因而无法解决手边问题。因此，希望通过在线网友来解决现实问题的一种典型的互联网行为。

它是一种典型的社交式互动行为。

现实生活中，我们每天都可能向他人求助，随便一个小小的问题，你可能都会求助身边的人，比如一幅照片的PS处理技巧，求助；比如想买一辆汽车但不知道哪个配置更好，求助；比如一桶饮用水提不到饮水机上，求助。

求助，是通过身边人协同解决生活障碍的重要手段。网络也一样。

网络求助，不是每天发生，而是每时每刻都在发生，谁都可能在生活中遇到搞不定的事情；有些人上网求助是因为自己对生活问题力所不及、力不从心而只得求助大家，但还有一种，是出于图方便和懒惰。

现代人总是比古代人要懒惰许多，本应身体力行的事情尽量不自己干。反正互联网方便，求助就是，网络上，多的是兼济天下的热心人。不认识也没关系，雷锋同志助人为乐的伟大精神已经全方位烛照网络了。

基于微博的“大范围互动性”，来此求助的人比以往任何互联网平台都要多得多。比如这种：

@何剑 hejian：一个擦皮鞋的老婆婆问朋友手中的 iPad 可不可以上网，她想给女儿发个照片，女儿在福州（此处应为：温州）打工，想见她，说网上可以发照片，但老婆婆根本不懂上网也没有女儿的电话。帮不上忙挺难受的。

当然，网络求助包罗万象，有的是求医，有的是求药，更有甚者是求个老婆。

@平兵衛：求伯乐，求老婆！求哥们！PS：这人就是一傻帽，别管他 。

好玩的求助还有求吃求喝求包养的。如果你用“求助”一词到新浪微博上搜索，你一定会哈哈大笑，你会发现网络生态无奇不有，五花八门。

仅“求助”一词，在新浪微博上的搜索词条就达 315 万条，与求助相关的还有“求教”28 万条，“求解”是 171 万条，“求帮忙”34 606 条。

单一个“求”字，搜索之后出现的词条总数就更狠了，5 838 万条。各种“求”，千奇百怪，五花八门。一不小心，你可能就会在微博上遭遇一个大喊大叫“求印钞机”的！

2011 年 5 月 16 日我就活生生地遇到一个挂着美女头像的网友@MARIANE 大人 ，在@星座宝典 的帖子里面大喊：“ 求印钞机!!!”从感叹号上你就不难看出他是怎样地急切，哈哈哈 。

求证，一样要归类到社交属性，是人生解惑的一个重要行为。为的是将已经传播但未被证明的“不确定”事物了解清楚，为的是“明白”。

而我们的人生，大多数人都活在这样的两种状态里面，一种是“知道但不明白”，另一种是“明白但不知道”。生活每天都有迷障，因此，让人长大成熟明白的唯一途径就是“求证”。

在现实生活中，我们遇到不确定信息，一定是向左邻右舍亲戚朋友“打听”和“请教”的，张三说，乔布斯的第五代手机即将在 6 月投放市场，李四恰恰想买这款手机，但他没有获得来自苹果公司的准确信息，于是他向王麻子“打听”了，这个打听，就是一种明确的求证行为。

求证，也是网络传播的重要行为，是上至政府，中至企业，下至百姓都必须重视的重要行为。

由于网络信息的芜杂，基本上，每天的信息都是泥沙居下的。网络求证，大多出于两种原因，一种是跟自己个人相关的信息带有一定的模糊性和不确定性，另一种是公共信息带有一定的模糊性和不确定性。

微博最大的好处，就是任何信息，只要你发出求证，都会在短时间内得到证实和证伪。网络上，热心人和好为人师的都大有人在，只要你问，你去求证，就算是一个不靠谱的人，即使他什么都不懂，他都会掺和进来表态，肯定或者否定。这也就造成了垃圾答案的大量存在。但无论如何，网络求证，是网络诚信的根基，这个行为，是网络上必不可少的。尤其因求证带来的质疑，对肃正网络信息，培养网络社会秩序化，有着莫大的功德。

倾诉与发泄

倾诉起于孤独。钢筋水泥的城市丛林，各自把门户紧锁，于是强大的孤独感都被宣泄到网络上来了。

> 倾诉，是一种典型的自我救助。倾诉是一种抚慰，每个人内心都有倾诉的欲望，倾诉与一般的诉说不同，这是一种基于潜意识信任状态或者说是内心打开状态的，把心里的某些压抑抖搂出来的行为。

倾诉，在现实生活中大多只选择亲人、知交等对象作为精神容器。在很多电影电视剧，尤其是情感类的影视作品中，这样的场景不胜枚举，在《泰坦尼克号》、《罗马假日》和《国王的演讲》中，倾诉都是人类在遭遇苦闷之后的重要行为之一，如果没有倾诉，人生何其绝望。

> 尤其是《国王的演讲》，一个结巴，以王的身份，找不到郁闷的出口，他选择了一个医生，说他的童年，说他的青年，说他的家庭，说他无可选择的人生际遇，一些悲凉的东西就这样缓慢地展现在电影的画面上，让看者感同身受。

其实不管王或非王，谁都有自己的苦闷，都需要排解，那个著名的祥林嫂，有着一句最震撼人心的名言："我拿我的苦恼向谁说去？"

我拿我的苦恼向谁说去？

这里的"谁"，应该就是社交的内容，那个年月，穷人基本上没有社交的，更何况是个"下人"。

现在，有了互联网，倒是突然模糊了各自的身份，可以以匿名的方式在一个无所知的论坛上，说一些无所知的情绪，偶尔就会收得一些理解，一些支持，这是难得的。

我记得最早的"互联网倾诉"应该是论坛时期。其中最有代表性的要算天涯社区的"情感天地"。那时候，这个版块每天都有来自不同地方的"苦闷的人"写着无数"独语的话"，感动无数不知名的人，那时候，这个版块是天涯最核心的权重版块之一，但现在，它已经让位于微博了。

打开微博，只要你的关注数不算很少，就可能随时看到各样的倾诉，在这样的倾诉中，如果你被感动，惺惺相惜，那么，你们很快就会成为朋友，共同面对那些孤单或者苦闷的东西。

@SUKI815：孤单有点，悲伤有点，这个城市好冷……

在这样的小帖子中，你经常就不经意地看到一种温馨，你会看见另一个人走进去，轻声说："一样的，抱抱吧。"

其实，社交，有时候也就需要这样的一句，一个遥远而陌生的关怀就够了，小关怀，一点点，很知足。

生活中，我们倾诉的对象颇为寥落，没几个朋友好交心的，因此，更多的人宁愿在虚拟世界里释放苦闷。这么做通常又恰好是基于一种潜意识的自我保护即不信任状态。因此，倾诉之后人们通常会出现悔意，甚至有人刻意疏远倾诉对象。

微博的出现有效地解决了这一矛盾，在微博上人和人的交往始终可以保持在安全距离，同时可以持续关注倾诉者的动态更新，及时有效地与之互动与回应，给予倾诉者及时的心理抚慰和协助。

因此，微博之上每个人都是倾诉者，每个人都是倾听者，每个人也都是别人的倾诉对象。

↗ **发泄，也一样是一种自助，是自我出清的一个极端手段。**

精神垃圾需要排泄，因此，互联网成了很多人的垃圾桶和化粪池。但这种排泄不是每天都有，除非遇到不快，否则，一般人不会成天跟神经病一样嗷嗷发疯的。

现实生活中，我们经常会自己发泄一下，说一两句脏话，也经常会看到别人的发泄，但现实的发泄比较危险，由于在空间概念上可能很靠近，因此有一些针对性发泄会立即引起冲突，吵起来，甚至就直接动手了。这样的例子，在关乎城管的各种案例中可以看到全部。

发泄是心理疏压最迅速的方式，人们通过激烈的情绪表达而使情绪稳定，这是个完全由情绪主导行为的过程，你无须思考太多因素，发泄过程中的破坏力及影响力会让人觉得无比满足，大呼过瘾。网络上人们通过对某人、某事的极端评论达到发泄的目的，有

人用最赤裸的词语（如粗口或生殖器官相关词汇）极尽所能地打击其评论对象，也有人用讽刺性较强的图片来暗喻某事，还有人频繁的发布摇滚音乐或诡异画作来宣泄情绪，发泄形式多得不胜枚举。

微博上，关于“发泄”这个词的词条搜索就达到 120 万以上。其中最具有代表意义并把发泄转换成快乐的经典行为就是“咆哮体”的出现。

看看我们微博网友的咆哮智慧吧，和大家分享一下“著名咆哮体”《出师表》的片段：

先帝 TM 才干到一半就撒手不管了啊!!!!!

孤儿寡母就这么扔给我了！有木有!!!! 有木有!!!

天下分成三块儿!!!! 属咱们益州最杯具!!! 有木有!!!! 有木有!!!!

妈的就是死到临头了你知道不!!! 知道不!!!!

一群苦逼忠臣还得为蜀国献青春!!!! 有木有!!!

都累死累活!!!! 都是为了给先帝擦屁屁啊!!!!!

都是为了一把屎一把尿把陛下您喂养长大啊!!!!!

你能不傻逼么!!!! 能不能!!!! 能不能!!!!

……

每周工作十二天啊!!!!!

都他妈干了二十一年了!!!!! 奥运会都开过去五届了!!!!!

你爹让我帮着你继续干!!!!

可没告诉我要去南蛮出差啊!!!! 那是人去的地方么!!!!!

热死啦!!!!! 好多大象啦!!!!

我五月渡泸，深入不毛!!!! 你知道什么是不毛么!!!!!

就是连毛都没有啊!!!!!

好不容易搞定了!!!! 又得北上跟曹魏火拼啊!!!!!

天天打来打去，你以为咱们蜀汉是米国啊!!!!

咱们全国人口还不如人家一条航母值钱啊!!!!

这都是先帝造的孽啊!!!!

这让总裁自己制定计划就是不靠谱儿啊!!!!!

反正我明天就北上了!!! 实话就告诉你吧!!!!

人死屌朝天!!!! 死球就死球!!!! 怕个锤子啊!!!!!

这都是蜀国本地人教我的脏话!!!!

打赢了陛下你就在新闻联播给我宣传一下吧!!!!

打输了陛下你就把北伐、曹魏两个字给屏蔽了吧!!!!!

忠臣你伤不起，伤不起啊!!!!

临表涕零、不知所言啊!!!!

就是说我不识字，这些话都是纯属随机敲键盘敲出来的!!!!! 谢绝跨省!!!!!

有木有!!! 有木有啊!!!!

发泄通常不会单独展现，大多会借由一个载体传达出来，这个载体有时无须具备任何实际意义，任何相同性质或相近背景的人和事都可以成为这一载体，微博上大量的信息更新为每一个希望发泄的人提供了源源不绝的发泄对象及载体，他们的目的，仅仅是，**我不爽，我要爽。**

媒体，新闻已死现场降临

以前，我有个帖子，说微博来临之后，新闻已死。现在，这句话我依然坚持。

如果你看到绝大多数传统媒体开始在深夜的微博上等待各种爆料的时候，你大概就会知道，在快媒体的环境下，消息已经代替了新闻——**没有新闻，只有**

消息。

在微博上，你每天都能看到各种各样奇怪而突兀的消息。微博就像一个长舌妇，只要在大地上发生的，无论是国际的还是国内的，都会"消息满天飞"。各种小道，据说本·拉丹被击毙，第一个发出"消息"的不是《华尔街日报》，也不是《纽约时报》，而是美国微博"twitter"：

据《纽约时报》报道，白宫公关主任丹·法伊弗（Dan Pfeiffer）于美国东部时间周日晚 9：45（北京时间周一上午 9：45）在 twitter 上透露，美国总统奥巴马将于当晚 10：30 发表全国讲话。而在电视和新闻机构等传统媒体做出反应前，有关奥巴马讲话内容的猜测却在 twitter 和其他社交网站上快速流传开来，但多数猜测都被证明是错误的。

而根据《纽约时报》的考证，最早披露拉丹被击毙的消息同样来自 twitter，而非《华盛顿邮报》或 ABC 等传统媒体。这一消息由基思·厄本（Keith Urbahn）披露，他是美国前国防部长唐纳德·拉姆斯菲尔德（Donald Rumsfeld）的一名前参谋长。他在 twitter 上说："一位有声望的人刚刚告诉我，他们干掉了奥萨马·本·拉丹。太棒了！"

在此之前，twitter 已经多次领先传统媒体披露重大事件，例如，美国民用飞机迫降哈德孙河事件[①]以及 2009 年 11 月的胡德堡枪击案。但拉丹死讯是 twitter 披露过的最大新闻。（以上新闻摘自新浪科技 2011 年 5 月 2 日讯）

早期，门户网站对传统媒体造成冲击的原因是基于时间优势——更快、更准、更及时。而微博对门户网站的冲击是更为直观的"现场优势"——**我发现、我看到、我目击、我在现场。**

传统媒体，包括门户网站，都有专职的记者编辑群体，他们每天所要

① 实施本次迫降的全美航空机长切斯利·萨伦伯格的传记《最高职责》中文版已于 2011 年 6 月于万卷出版公司出版。——编者注

做的事情就是“找新闻”，去跑路、去问、去打听，他们是职业记者，他们是拿工资的，是专业的，是有编制并有各种底线的，但微博正在改变这些。

微博来临之后，突然就把每一个网友变成了记者，人人都是记者，每一个网友都有可能成为某一个突发事件的新闻中心，关键是，他们散落在你所能想象到的各行各业的每一个角落，天下太平，他们就会在微博上无所事事闲聊发骚调侃美国领导人，但如果身边有事，而且这个事情好玩、有趣、怪异、不公平，他们就会直播，就会以“我在现场”的状态告诉你：**“这里正在发生……”**

以前的传统媒体，都是将文章先行编辑，加工合格以后以成品的方式经总编签发才可出版，而现在的快媒体，人人媒体的环境，根本就不会有那么烦琐，也没有顾忌——**管你对错，发了再说，要加工？你随便。**

> 于是，故宫里面的高级会所怪事出来了，广州中石化天价酒怪事出来了，上海红会的餐饮高消费发票出来的，上海胶州路的大火出来了，山东村长要扒记者皮的事情也出来了……

天下奇闻，无所不包。以前，传统媒体环境，你看不到这些的，这个看不到的，要么是因为不靠谱，要么是这个信源你拿不到，要么就是被相关部门给屏蔽了。

而现在，在微博，对不起，信源无处不在，也不管你编辑不编辑，先发表后加工去吧，会加工的人多得是，要么是小秘书给你风吹落叶了，要么就是更深喉的知情人给你添砖加瓦了，要么就是“观点加工商”给你高屋建瓴了。总之微博上，各行各业的加工牛人都在等待着来自各方的奇闻怪谈。

爆料与揭秘

微博，就是新闻粉碎机。

看完微博，你基本不需要再看新闻了，正如@宁财神 所说：

> **@宁财神：**我每天睡醒，第一件事就是看围脖，满目疮痍，各种不公开不公平不公正的事，搞的我心乱如麻，感觉随时可能崩盘。后来终于想明白了，是我关注的人有问题，打算取消一批忧国忧民的精英，加一批只帖自拍美照和美食照片、只担心明天体重是否会增加一盎司的乐天派，世界又变美啦。

那么，微博网友，到底每天都说些什么，写些什么呢？@宁财神 还有一个名帖：

> **@宁财神：**我关注的人，1/10 在戛纳，1/10 在骂强拆城管毒食品，1/10 在发萌宠，1/10 在发自拍照、写朦胧诗，1/10 在交流吃喝经验，1/10 在转冷笑话，1/10 在群聊刷屏，1/10 在喝大或喝大的路上，1/10 在讨论这个国家该去向何方，最后的 1/10 在潜水，他们应该是什么表情？

这就是微博上的“媒体生态”，是无数网友通过现代化电子化的工具箱对大多数无可确定的对象，传播私人化、平民化、自主化的身边事实和自身事实的一种新型信息生态，在这个生态里面，所有的信源都来自个体的体验、认知及感悟。在所谓对错善恶，各说各话的环境，只要你不伤天害理祸国殃民，你的这个信源就基本上不会被删除。

现实生活中，人与人之间交头接耳地（而不是通过传统媒体）交换信息的那种生活，至今依然是无处不在的，有人的地方就有交流，没人的地方，大家组织起来以派对的名义组合交流，反正大家不能闲着，不能孤独。学校里、机场里、火车上、公园里，大家认识不认识，搭讪几句便算是熟悉了，于是，那些独有的个人信息，就会被不断拿出来请他人分享。

微博便是如此，表达是有快感的事情，尤其当你这个信源“是为独家”的时候，那种满足感是人人都很享受的。人，最熬不住秘密，相比之下，守密比守身更难，那种关不住的感觉，如同满园春色，你必须说的，摁都摁不住，何况这微博，大家都在爆料呢！

身为央视名嘴的@芮成钢 就曾在微博爆料：

> **@芮成钢：**听说故宫的建德宫（实为建福宫）已被某知名企业和故宫管理方改成一个为全球所谓顶级富豪们独享的私人会所，500席会籍面向全球限量发售。前两天一外籍导游也骄傲的告诉我，他刚为一位美国亿万富翁全家单独安排在故宫不对外的宫殿里晚宴。丢几件展品不可怕，可怕是丢掉更宝贵的东西。

此帖一出，波澜四起。

首先是因为故宫失窃案引起了社会广泛关注，其次是故宫相关部门因北京市公安局破案神速，为表答谢送了两幅锦旗，其中一幅把捍卫的捍写成了“撼”字引起网友热议，两件事情一加，故宫本就成为网络热点，大家都在质疑故宫的安保系统（数亿元的防盗设备数百保安还有百余条狼犬）成为摆设，现在又冒出“故宫之内建顶级富豪会所”的新闻，很多人自然不敢相信，于是大多数人开始质疑芮成钢，在 18 000 多的转发和5 900多的回复中，很多人都在质疑消息的真实性。而后，有网友出面为芮成钢证实“此言不虚”，更有高手@不要脸爱面子 于 5 月 13 日当晚 8 点临时注册微博，一步步踢爆“故宫富豪会所”的真实存在。

@不要脸爱面子：芮成钢说故宫，故宫不干了，说他造谣。哈哈！今年 4 月 23 日，建福宫开幕式，来宾上百人，李彦宏，王中军，梁信军和苏芒等顶级人参加。会后均收到建福宫的入会邀请。此事真假，可以问问 KAPPA 的陈义红和长江商学院的项兵。此事的投资者、组织者和参加者都是不会说谎的顶级好人！站出来，解释一下吧！

此后@不要脸爱面子 连续 27 帖，帖帖都指向“建福宫”，甚至帖出相关《入会协议》的复印件，并爆料：“建福宫招募会员初步确定的入会费是人民币一百万元，五百名就是五亿，可以再修一个建福宫？”

在各路网友的追问下，故宫方面终于给出了一些答复。

还有，此事之前，网友爆料的“广东中石化天价酒”事件，网友连文字带图片的曝光，最终导致该事件当事人被停职调查。

同样，在上海，网友爆料红十字会一餐吃掉 9 000 块的事件，引起红十字总会的高度重视，要求上海方面“彻查”。

揭秘和爆料一样，都是在发布“鲜为人知”的事情，但揭秘又不同于爆料，在我眼里，它只是提供一个更新的视角，基本不会影响我本人对信源的判断。比如网友们对历史史实和历史人物的“揭秘”，对雷锋、董存瑞、蔡元培、张之洞等人的“揭秘”基本上也就是多出一个好玩的视角。历史，别无真相。

分享

分享，是互联网的重要精神之一，是将自己的所学所悟、所拥有的知识、才能、经验、创造与他人共同享有、共同使用的一种精神。（在大部分情况下，分享是基于信息的需求）

在现实生活中，左邻右舍、同学朋友之间，就经常会出现这样的分享。

如我小时候，就经常能吃到邻居家刚刚挖回来的山芋，邻居大妈在分享这个山芋的时候一脸快乐，她会用系在腰间的围兜，兜上三五个刚刚蒸熟的热气腾腾的山芋走到嬉闹的孩子们中间，说，“大头，来，吃山芋，刚刚挖回来的。”

这是我离开家乡很多年以后都难以忘怀的人间烟火。正是出于这样的记忆和传承，在今天的城市生活中，我和我无数的网络朋友们也正在实践这样的分享，去传承这样的快乐。

今天的微博同样如此：**微博上多的是“创造者”，他们或者创造快乐，或者创造工具。**他们对某一事物找到解决方法，便有可能拿出来与大家一起分享，尤其是一些小小的涉及到快乐的产品（包括精神产品），大家都会毫不吝啬地贡献出来，一起分享——一篇拍摄得不错的视频、一个刚刚获得的笑话、或者一个刚刚发现的使用新型手机功能的心得，等等。

微博上，每一天，每时每刻，都有无数人在把他

们刚刚获得的快乐分享给大家。这种分享，是传播的自发，这种自发，是最容易获得共鸣和信任的。比如 @每天会一招 就经常在微博上分享各种小知识：

@每天会一招：【吃荔枝的方法】今天同事跟我抱怨说剥荔枝剥得满手都是汁，而且荔枝屁股上有个小塞子也很难去掉。然后我稍微震惊了一下，原来有人不会吃荔枝啊——荔枝的中间有一条缝，只要沿着那个方向轻轻一咬，壳就会自动裂开了啊。特别做了一个图示。不知道大家是怎么吃荔枝的呢……

分享，是一种人生境界。是一种美德。每个人在互联网上，都有这种美德。

学习与主张

学习。上网学习的人数，大致占网民总数的99%，几乎每个人都会在网络上获取自己需要的知识。

而微博上的大多数“知识”，都是来自社会经验、社会见识、社会阅历、专业技能比较过硬的名人群体，比如任志强、李开复等人，他们的微博，大多数都是人生精华的总结，并且也算是个人简报一样地“刊出”的。

@任志强：把自己从过去解放出来，前进的最好方法是别往后看。人生贵在寻找一种最适合自己的速度——莫因疾进而不堪重荷，莫因迟缓而空耗生命。沉默是金，固然不错；会哭的孩子多吃糖，也是事实。究竟哪个更有道理，只看情境罢了。

@**李开复**：我一位亲人给她女儿的承诺：1）陪你时，一定全心全意，2）经常告诉你我多爱你，3）支持你要做的事和想成为的人，4）学习新时尚和技术，与你有共同语言，5）保持高标准，但也常给你鼓励，6）信任你，7）不强迫你，但要求你言出必行，8）永不用伤害你的言语，9）经营婚姻，让你体验爱和相伴的真谛。

他们的这些知识，对年轻人都是非常有帮助和学习意义的。

上网求知的人，应该是占网民基数的全部。几乎每一个网民都会在分享的同时，学习他人带来的全新知识。网络，使每个人都变异出两种身份，你既是分享者，又是学习者。无论你年龄大小学识高低，互联网都始终是你学习求知的重要平台，因为在这个海量信息平台上，你既可以找到5 000年以前的古典知识，又可以去探究500年之后的后现代知识。由于网络上每时每刻都会出现新的“分享者”，因此网络上的知识无法穷尽。

主张，是指某些倡议、某些提议、某些主意。

网络上，民意颇多，有见解和自认为有见解的人非常多，因此，我们也就能经常看到各种各样的主张。

主张，是网络上比较重要的行为之一，各种各样的生活主张，各种各样的政治主张，各种各样的公益主张都会时时出现。

有些意见领袖和内行人的主张，在网络上，是可以让许多年轻人缩短学习时间的。一个人，一旦有了主张，这个人无论如何不靠谱，都算是对社会对生活有了自己的见解，对不对先不说，有主张，有主见，总是对另一些人有着引导和带领作用的。

表演与围观

> 表演，其实是各种各样的秀。是通过人的演唱、演奏或人体动作、表情来塑造形象、传达情绪、情感从而表现生活的一种行为。

表演也是每个人内心潜存的一种欲望，人人都有表演欲，只不过很多人羞于直观化，而芙蓉姐姐、罗玉凤等人，则是将网络当成舞台来实现自己的存在感的，人人都有表演欲，或者说，网络上人人都在表演。这句话也许过于刻薄，但不管是谁，只要你有了某种美化分享的欲望，你有了表达和主张的欲望，你就会无意识地进入表演状态。都会对自己的“分享”进行潜意识美化，如同化妆，登上舞台。凡是红尘俗世中的人，谁都希望有几个观众，谁都不愿意过于孤单，谁都渴望被欣赏，谁都希望自己的作品能够进入他人的心灵。超凡脱俗者除外。当然，将网络表演升华到凤姐那样的境界，就不仅仅是需要勇气这么简单了，它需要超常的内心强大。否则就算是一口猪，也会因为网络上劈头盖脸的声音而撞死南墙。

在微博上的表演，简单说，就是“秀”，是动词结构的一种网络行为。《广雅》说：“秀，出也。”

在微博上，“秀一下”和“秀一个”的词条总数在 30 万以上，这些词条下面基本上都会出现带图的“美秀”，秀吃秀喝秀衣服秀照片的遍地皆是。

@婷猫猫：生命中有了爱情这个麻烦，才有重量，新指甲油，秀一个 。

秀，是快乐的。每一个人，只要有了秀的愿望，并且发于微博，昭告天下，那一定是她们心情最好的时候，也是她们信心满满的时候，微博上的秀，80%来自女性，当然，其中也不乏情感细腻的大老爷们。

如果在微博上你偶遇一身材壮阔的爷们突然给你来一帖“秀”字款的美图美文，那么你千万别恶心，因为那是生活、是快乐、是大千世界里面不可多得的感性生态。做人，要学会在意外中欣赏突然来临的惊天霹雳。

围观，起于旁观。其心理构成依然来自闲暇。但跟旁观不同，旁观者大多是冷漠的，但围观，在网络上却带有温度。

一个普通事件，如果有成千上万的围观者，那么，这个事件的温度就会迅速上升。网络上，围观已经是一种力量。强势者，大多是害怕围观的。因为围观的环境是最容易产生侠客心理的特殊环境。围着围着，这个事情就会引发某种效应。

围观一词流行于网络，围观行为起源于生活，这是一个具有中国特色的社会性活动。

围观事件的制造者分为两类：主动制造围观者（通常是网络推手的杰作）和被动制造围观者（事件

当事人遭遇的实际情况过于小众化、独特化）。而围观者也分为两类：

1. 主动围观，人们天性中的好奇心理、从众心理、对未知事件是否会与自身相关联的恐惧心理都造成主动围观的行为动机。
2. 被动围观，当造成围观的事件具备非常醒目的社会效应时，事件被不停的转载发布，多数人会成为被动围观者。

置身于网络，每个人都不可避免地参与围观或被围观，信息的快速传递和持续关注使围观也成为了一种不可忽视的力量，而围观人群展现的羊群效应究竟对事件起到何种作用，也是不容忽视的，最终能使围观达到群策群力还是群体智障，则是需要我们去思考的关键问题。

渠道，二度空间时代

这个属性，是很多商家都愿意看到，并期待有人去认真研究的。

写这段，我必须提到移动运营商们。我在浙江电信集团讲课的时候，特别提出一个警醒。

我说，早前的互联网是你们电信家的儿子，你们是大爷，它是寄生于你们这个单位的下面的。后来被政府剥离出来以后，你们相互独立，成了兄弟，你做管道，它做门户，各司其职，各赚其利；你赚你的通信费，它赚它的广告费。而现在呢，你们快成为微博的儿子了，你们要寄托在它的平台上来分一杯小羹，而且还要看它的脸色——跟它们分一点可怜的“流量费”！更委屈的是，你们还要寄生在它的平台上来推广，为自己求得一席生存之地。

你们为什么不做个“天翼微博”？为什么不利用自身亿众用户的资源优势把本来可以形成的巨大阵地给抢占下来？你们有机会的，因为，未来唯一可以替代微博的，就是你们这三家所能开发出来的更具有便捷社交优势的“移动互联”，它将是你们最新的时代，是具有强大的未来性的。

移动公司更应该做“移动微博”，因为移动的用户更多（截至 2011 年 8 月 5 日，已超过 6 个亿），而且还掌握着一个终极社交数据库——手机号码，这才是未来社交的“二度空间时代”。

一般而言，渠道越长，企业产品市场的扩展可能性就越大，但企业对产品销售的控制能力和信息反馈的清晰度也就越低。

所谓“零级渠道”，就是生产者和消费者直接发生关系的一种最划算的渠道，它会解约无数的中间成本。但它需要构建专门的服务。零级渠道中，产品或服务直接由生产者抵达消费者。就这个概念来说，微博无疑属于零级渠道，它基本上可以由厂家直接和消费者发生购买和信息反馈的关系。

而微博，还具有更重要的营销渠道的功能。营销渠道（Marketing channels）是指产品流通中所必须经过的路径，营销渠道可以根据主导成员的不同，分成以生产制造商为主导、以零售商为主导、以服务提供者为主导的营销渠道。营销渠道的根本任务，就是把产品与用户联系起来，使之发生关系形成购买。

渠道，在商业领域，是由一些独立经营而又互相依赖的组织组成的增值链。产品和服务经过渠道的增值变得更具吸引力和可用性，能更好的满足用户的需求，使得最终用户得以满意的接收。

目前的微博，当总用户量（网友）达到一亿人时，这个渠道属性已经全面形成。

流通

微博上的商品流通，已经产生了无数大大小小的经典案例。你只要用心使用过“微博搜索”，用“我想买”这个关键词，就会看到下面的数字409 977。而输入“我要买”呢，它的数字是638 059。“我要买房子”是23 948条。“我要买手机”是52 178条。“我要买衣服”是70 808条……

○ 微博上，卖东西卖的比较好玩的是“螺蛳粉”，这位@螺蛳粉先生 本来要出国的，就因为在微博上一时高兴卖起了螺蛳粉，现在，连出国都不干了，专职卖螺蛳粉。2011年5月28日，他的微博显示，去排队等位吃螺蛳粉的，已经排到18号了。

微博流通做得好的还有@老榕 @快书包 @湛庐文化 @凡客诚品 等各路名人和企业，尤其值得一提的是@快书包，他们在微博上直接产生的业绩就达到他们总业绩的30%。

○ 快书包董事长@徐智明 是我的好友，2010年初，他就预感到微博平台将会给他带来巨大商机，虽然那时候他还不能完全地了解微博，但他是个有心人。2010年10月，徐总找我，说是要喝茶，其实是要来聊微博，我请他吃饭，谈微博经营的事情，我说，只要你的经营理念独特，能够给用户带去无可替代的方便，那你完全是可以利用微博平台做好业务的。当时，在大宅门吃饭，我告诉他可以在微博上做好自己企业的LOGO，可以做好“皮肤”（自定义模板），可以在皮肤上做点“名堂”，可以做好标签，可以做好“我关注的话题”……总之，可以利用微博上的每一个按钮，想好了，看明白，就去做。

现在，只要你打开@快书包 的时间轴 ，你就会明白快书包为什么能把自己的生意做得那么好了。他们今天已经做到了“微博营销矩阵”，在“微博协同”上，也已经先人一步了。

推广

推广，是把自己的产品、服务、技术、文化、事迹等等通过某种管道，让更多的人和组织机构等了解、接受，从而达到宣传、普及的目的。

传统的推广，接近于广告性质，是通过媒体属性的介质进行传播的，而微博上的推广，大多接近举荐性质，是基于微博的渠道特色，来完成商务合作或项目合作的一个重要手段。

其中最明显的事例就是好多创业者是靠在微博上自荐获取天使投资人或资本集团的青睐的。

以往的推广，很多人只能选择媒体，付款，然后获取版面支持，而现在，微博来临，大众公共推广的时代突然来临了。

在微博上，推广最好做的，莫过于电影，其实从微博早期开始，电影在微博上的营销就已达到极致，从《阿凡达》开始，后来出现被围攻的《孔子》，即使当时大家对这样的营销都还处在摸索阶段，但微博的威力他们算是领教到了。记得当时因为《孔子》营销而引发的一些争议，最后竟然出现了“反孔精英”这样的调侃。

发生在最近的电影营销，比较著名的要算《最

爱》和《加勒比海盗 4》了。

《最爱》的营销中所出现的著名人物之多，算是微博电影推广上阵容最强大的一次，顾长卫、蒋雯丽、章子怡（@稀土部队）、何平、覃宏、郭富城、陆川、冯小刚等各路名人都为《最爱》无条件捧场，这部电影在微博上的词条总数（模糊搜索）在 5 月底达到 15 804 213 条，几乎登上了电影词条的高峰。超过以往的任何一部的电影，包括《让子弹飞》《阿凡达》等。

购买

> ↗ 购买，是网络传播的商务终极，是网络生活的最大重心，其人数之巨是常人莫敢预测的。

这里的购买，单指网络购物。是一种通过网络信息平台获取商品信息并以电子支票的方式进行商品交易的网上行为。

根据中国互联网络信息中心（CNNIC）发布的《2010 年中国网络购物市场研究报告》，截至 2010 年 11 月，我国网购用户规模已达 1.865 6 亿，同比增加 5 459 万人，年增长率为 43.9%。专家指出，随着购物类互联网平台的逐渐成熟，以及人们生活习惯的改变，如今越来越多的人开始利用网络进行购物，“逛网店”已经成为时下一种流行趋势。

报告显示，2010 年上半年，全国网络购物消费总金额为 2 795.2 亿元。其中，网民在 C2C 网站上的购物支出占网购总金额的 89%。业内人士表示，C2C 网购平台涵盖的商品种类繁多，包括服装、饰品、玩具、化妆品、消费电子等，甚至还能买到商场中都难觅踪迹的商品，因此对于广大消费者来说有着很强的吸引力。值得关注的是，随着我国网络购物市场的逐渐成熟，B2C 大型商家平台份额正在逐年上升，消费者对品牌、质量以及服务的要求越来越高。

还有专家预计，到 2015 年中国网上购物人数将达到 3.5 亿，网上交易总额将达到 3 万亿元。网络购买大军将会进一步加大。

网络购买，也是千奇百怪的，微博上就曾出现过一个不买剃须刀，只买刮腿毛器的，他坚持说，他买的不是剃须刀而是刮腿毛器。

反正，网络上，你能想到的尽可能想，你不能想到的，也请你尽可能想，否则，你总会觉得落伍了，稍不留意，你就会觉得一个惊天大事从天而降。保不准一块馅饼落下来，砸在你脑门上之后变成了金块。

平台，一片广袤的“大地”

平台属性，无疑是最具未来性的“超级属性”，也是我最不敢妄言的重要属性。

我在跟朋友讨论微博和淘宝网的时候说过，**淘宝网是流动购物站，你走进去，选好东西，付钱走人。而微博不是，微博是休息室，是可以坐下来好好放松的，有凳子，有沙发，甚至还有床。说得更虚一点，它就是你虚拟世界中的家。**你可以随时在其间耗上十来个小时，甚至是一整天。而淘宝类的网站，它不会让你有这个“坐下来，聊几句”或者看一场“碎片电影”的欲望。它没有这个功能。

这个功能，只有微博才有。那些“碎片电影”就跟走马灯似的，你怎么看也看不完。

这大概就是“网络粘性”吧，是无数站长梦寐以求的。

站长们为什么梦寐以求？因为他们真正知道，有强大粘性的网站就是有强大赢利能力的机器。换句话说，能赚钱。

赚钱，又可以细分为三个问题。一、微博本身如何赚钱？二、微博网友能否赚钱？三、企业怎么赚钱？

三个我都考虑过。

微博开发商，完全没必要去考虑赢利

现在感觉，我觉得他们头都昏了，都没想清楚，都还在用传统的网络方式在“思考赢利”，这大概是他们注定的短板吧。

如果微博是我的，我该怎么去赚钱？

很简单，我不会把微博当成企业产品，我不会把自己当成所谓的董事长，也不会把自己定义为企业家。我干嘛小看我自己啊？

我能不能当自己就是个“地主”啊？我能不能把微博看成大地？或者，说狠一点，微博是不是一种国土啊？如果是国土，那我是不是国王，或者他不算国土，顶多是个庄园，是个农场，那我也至少是个农场主啊。

如果微博是大地，而我正是这片大地的缔造者，那么我就是国王，国王会想着用广告来赚钱么？笨！国王是用税收来赚钱的。我是说，收税就可以了，哪有国王当自己是个卖广告的？

我当自己是个“土地供应商”行不行？我提供土地，你在我的土地上栽花种草，你收获你的劳动果实，而我只收取“土地租赁费”。你说吧，你要哪块，怎么开发，需要我做什么，每年你能给我多少钱？有钱，就好谈。

或者，我当我自己是“土地开发商”，我自己在自己的土地上开发，做出各种店铺，可满足各种需要，你来租赁我的“铺面”，你卖什么我也不管，你只要承担租金，卖菜卖米，你随便。你想要哪块，你出多少钱，需要我怎么配合，谈，给钱就谈。

中国那么多需要你这个“土地”的，需要你这个“铺面”的，多不多？几万家？几十万家？靠谱不？每家每年给你十万，十万块乘以十万家，多少钱？算得出来不？你问一下，如果微博开发出这样大量的地块，他们要不要？

如果答案是“要”，那么，你只要做“打通”即可。每一个卖东西的，都可能成为另一家买东西的，完全一个帝国式。无尽的打通，电商类的，游戏类的，直销类的，代理类的，汽车类的，电子类的，服装类的，鞋帽类的……

开发商卖广告，就是很傻很傻的一种傻。卖地块、卖铺面就够了，且当自己是个国王，收税，收取“佣金”就足够了。

个人怎么赚钱？

有听说过一个瓜农在微博上卖西瓜，一天卖了3吨的故事吗？@新浪四川 在微博报道说“#微博卖瓜#我们与盐边县茂盛果蔬合作社理事长翁国兵取得联系，他表示‘攀枝花的西瓜刚刚运拢成都，又新鲜又甜！在大家的帮助下，他们收集了20多户瓜农的西瓜运往成都，直接进驻红旗超市。’如今，盐边县滞销的10万吨西瓜都已基本卖完了，瓜农们心中石头总算落了地。”

我前不久在中国微博营销大会上说过，当你的粉丝超过3 000，你就可以在微博上进行“家庭创业”了，也就是说，未来不久，在微博上每个人都可以利用微博赚钱，比如卖掉家里的旧货，比如“卖尾货”，比如做一个自己的“私人淘宝”。

现在，在微博上凭一人之力赚钱的，不胜枚举，其中就有人每日营业额做到 20 万的。当然，那些一心只把关注点放在“事件”、“八卦”、“美女”身上的人，是不会在微博上看到商机的，因为他们不屑，也不想。

企业如何在微博上赚钱？

首先问，你是电影公司吗？你是游戏公司吗？你是电子商务公司吗？如果是，你就别看这书了，看微博，那里每时每刻都在发生。

微博，每时每刻都在发生着商务关系呢，各种各样的企业，各种各样的服务都有。

你看过饭店如何在微博上做业务吗？看过星巴克的推广吗？看过团购网的宣传吗？

微博上，卖手表的和卖珠宝的都有了，还有在微博上拍卖字画的呢，微博什么都可以卖，哪怕是你手上多余的一张电影票。

未来，微博一定会做电子商务的，我跟一个企业推荐说，去跟新浪签独家，签排他性协议，做你们家的产品，设置门槛，多少钱都别在乎，这个平台，注册用户即将超越 2 亿人，人人都是消费者，而且，精品客户居多，充满了值得培养的新用户。

未来，微博做不做游戏端？

未来，微博做不做搜索端？

未来，微博什么都可能做。

没别的原因，只因为人多。

有人的地方就有市场，就这么简单。

微博，现在一心抢用户，大量地夺取用户是唯一需要考虑的，赚钱，是此后必然的事情。

所谓必然，就是不需要思考的。

结语

我总是试图去触摸未来的脉搏

@杜子建

未来的商业生态或将迎来“屌丝投资屌丝的时代”，未来的商业生态是碎片化、去中心化、智能化的，未来每个人都是创业者，每个人都是小企业的主宰者。

这一章，最不敢写但必须写。

写这样的章节，无疑是冒险的，写对了，叫蒙的；写错了，会落个“不靠谱”的评价。

但关于未来的对错，用寓言的解读方式也许会给自己留下一点宽容。

世界，太快了。当乔布斯打败诺基亚的时候，我想很多人都有点措手不及；但更为突然的是，乔老爷不干了，很突兀的辞职了。

世界会因为他的辞职而平静么？不会。

科技也许改变不了政治，但一定会改变文明。

细读乔老爷，看起来，他好像只是改变了一点科技的东西，但深度洞察一下，好像一些大国的政治主张都得因应他的科技而走向必然的调整。比如另一个异类扎克伯格，他的facebook，会不会让世界级政客为之慌张？

也许，第一个因他而紧张的是英国佬吧。

但，故事才刚刚开头。

时间，才刚刚开始呢。

政治家，不懂科技，不预知科技进步可能带来的“变革”，那他必将是个倒霉的政治家，往后看，政治路径因为科技的变化而产生的政治笑话会越来越多。

不管你信不信，反正我是信了。

微博，会有怎样的命运？会关闭不？

我想，这是所有玩微博的人都在关心的问题。

我也很关心啊。所以，我就去研究，去探知，去找到其中的逻辑。

自上海胶州路大火之后，我就紧张微博会不会被强制关闭，后来，到“非洲民主事件”，我就更捏了一把汗了，再后来，郭美美牵扯红十字会，这事麻烦了，说大就大。

但是，微博都挺过来了。

我经常在微博上说：“**火车都已经在开动了，你干嘛要在后面推它？有作用么？**”

其实不需要推，火车知道自己未来的方向，它在匀速前进的。

所以，从这个角度出发，我支持“删帖”这一重要的“相安”手段，相安，才会无事。

2011 年，整个微博所拓展开来的“社会可见度”确实会让一些地方领导感觉紧张，但是，从大政治家的角度看微博，他们会比地方上的官员要冷静得多，他们知道微博有微博的好和不好，更重要的是，他们比普通民众更清楚微博对社会健康发展的重要意义，只要维护好微博，微博对一切社会都是有利的。

因此，从政治风险的角度，微博要被关闭的可能只有一种，那就是由微博引发的“特大社会事件”，而所谓的“重大社会事件”都动摇不了微博的存在。因为政治力量永远大于媒体力量。

单从科技角度看，微博随时可能会因为出现乔布斯这样的异类而被突然“替代”，但是，这个突然的概率有多大呢？当然不大，乔布斯，是上帝的礼物，是稀缺的人类极品。

要想用另一种产品在短时间内代替微博，我暂时看不出更牛叉的产品。

因为微博满足了人性当中最根本的一个需求“随便说”，就这一个简单的“随便”，就不是那么随便可以替代的。依我看，十年，微博正常的科技寿命至少十年。

因为，无论你科技怎么进步，你3G也好，4G也好，最后拼杀的还是如何让使用者“更随便”。这个随便都很难超越。

移动互联网，确实是可能代替微博的一个新型变种，但是，它一定还是需要依托于微博的。

移动互联最大的微博可能是什么呢？

是“视频化的在场直播”，只有这个东西会比微博更狠。

它能够给让获取信息的人“身临其境”，但是，这个基于无线宽带流速的科技，在中国还有很长的路要走，目前的信息技术，可能还不能“即刻支持视频化在场直播”，要么是带宽支持不足，要么是视频转换技术偏慢，更重要的是，如果这个技术被开发出来，政治家真的要认真审视很久很久了。

还有就是“管理壁垒”，我是说，如果信息产业部同意，广电总局未必同意，广电总局同意了，文化部未必支持，文化部支持了，宣传部也会要审视好久的。

在中国，有些事情可以特别顺利，有些事情，还是慢些等待才算妥帖的。

我说，如果你要想代替微博，三个条件需要满足。

1. 信息上更随便么？

2. 视觉上更直观么？

3. 主权上更安全么？

要想同时满足这三个条件，那必须得假以时日。

别看博客被代替得迅雷不及掩耳，这个事情只基于一点，更快更随便，并且是革命性的。

一个革命性的产品，就算没有周期性，那也不是说来就来的。

传媒已经变了

我们的这个时代，新中国 60 多年的发展，总共经历了四个传媒时代：

1. **解放初期的“我说你听的时代”。**这个时代的标志性符号，就是革命风潮还在继续，党的声音高于一切。

2. **反右以后到 1978 年的“我说你信的时代”。**这个时代是出现过“亩产万斤粮”的，你信么？你什么都信了，即使你自己心里清楚，但你依然是信的。

3. **改革开放之后，出现了一个新的传媒气候，“我说你问的时代”。**因为是“摸着石头过河”，大家都不知道怎么走了，都在问“姓社还是姓资？”“我这是经商呢还是在投机倒把呢？”邓小平说，“搁置一些，尝试一些”，于是这个时代更多的对话是在“问询”，在“打听”，在“判断”。

4. **微博之后的“你说我证的时代”。**一个“证”字，几乎涵盖了所有的人性。你说怎么样微博靠谱，你说的我证明了才算靠谱。你说的，我未必相信，但你说的靠谱，我也未必不信，反正，对不对错不错，我证明一下总可以吧？这才是让今天这个社会因为微博而突然慌张的根本——被桎梏了 5 000 年的“人”被放出来了。每个人都以“人”的面貌在跟你对话，奴才正在消失，封建社会留下的最大的“人文”开始走向没落，每个人，都正在快速地成为“人”。这才是最可怕的——个体主张开始回归了，回到人。

同时，媒体的出版权开始不可逆转地在“下放”。以前，出版是垄断的，是控制的，是被统一管束的。现在不是了。以前的任何“出版物”都是先加工，后出版，而微博之后的“个体出版物”开始走向“先出版后加工”——不管你接不接受，也不管你认不认可，更不管你靠不靠谱，反正我是“发表”了再说。

人人媒体，悍然到来，你挡都挡不住了。

人人，黑压压的，这世界，在哪里去找这么多的黑压压的人啊，几千年啊，不可能同时聚集几千万人同时在一个地方讨论同一件事啊。

人人，黑压压的人人。世界级的超级广场也办不到的这个“黑压压”，谁也不敢忽视这样的力量啊！

人人媒体，都有直播权，都在现场，每个人都是另一个人的现场，你早期说是深喉，现在不是，是身边，是对面，是“盯住你啊”。他只要发表，如果信息当量足够，央视也只能跟风——它比央视更加洪亮。

是的，人，身边的每一个人，都是杂志，都是电台，都不是省油的灯了。

所以，孔子在 2 000 多年前的“君子慎独”现在你必须启动了，如果不启动，那你真的一不小心就“走红”了啊，如四川绵阳的那位“摸奶大师”，开车开得好好的，放在前几年，车中小动作，谁管你啊，

但现在，在千万人的平台上一下子就直播你了。

为什么？

为的是，传媒变了嘛，你被直播了，而且不是中央电视台，是人，是某个发现你“小秘密”的人，也许还是你哥们儿呢，未必不是。

因此，你去歌厅夜场，你还敢那么“明目张胆”么？

拜托，慎独吧你。

世界在这里转弯

就说2011年上半年发生的几件大事，本·拉丹被干掉了，这是其一；其二，日本终于“小”了；其三，中国已经“二”了——经济大国已经到来。

本来，这三件事中的每一件事都足以震撼世界，但突然，它们挤在一起跟抢票房似的，直接登录暑期档——世界在这里转弯了。

别当转弯不是拐点，往大里说，世界翻篇了；往小里说，140字，我们的生活已经变了。

世界级的意见领袖李光耀，最近在《福布斯》杂志上撰文，说未来一二十年间，中国的国内生产总值（GDP）会超过美国，并希望美国和印度重视此事。美国第七舰队司令官布施科克也在公开场合发表评论，希望中国发挥“负责任且有建设性的”大国作用，与此同时，他把美国60%的攻击潜艇部署到了亚太地区。

我说这些，都关微博什么事？

关。岂止是关。

如果微博有超过十年的寿命，这小东西将可能成为未来世界政治格局的超级武器，看着吧，当那些有着战略远见的政治家看到微博的威力时，他们一定会把它当做武器，并且是核武级。

事关大国

别以为只有自己的国家机关在关注微博，别以为只有我们的政治家在关注微博。其实整个世界懂中文的外交官、政客、人文学者、社会学家、国际智囊都在关注中国微博。**目前的微博，已经不再是一个单纯的商业工具了，明确地说，它已经被各色人等赋予了属性不同的政治使命甚至是文明使命。**

各种各样各有千秋的使命都已经聚集到微博上，有政治家、有政客、有政治理想主义者、有政治投机主义者，其中甚至不乏政治阴谋家和政治流氓。总之，你能想到的和无法想到的全部政治生物都会在微博上存在，区别只是有些露着，有些潜着。

我坚信一点，浮在水面上的鱼都不能算鱼。潜在水底、潜在深水区的鱼，才是真正的大鱼，它们要么嗜血，要么主宰。它们，早就在那里——在深水区里深呼吸。

社会生态就是这样的悖论，你说它是天堂也好，说它是地狱也好，都没错，都是正确的，就看你是低头还是抬头了。

无数的人甚或无数别有用心的人都试图在那里利用“群氓”，他们构思着自己的目的并罗织出各种冠冕堂皇的理由，以造福大众的名义各行其道。他们知道微博里多的是群氓（价值观不健全、未能生成自我判断力的大批人群），他们都想利用的就是这样的人。

正如网友刘瑜所说：“微博上，有大量的煽动家

和思想家，他们的区别是，煽动家总是特别热衷抢占道德制高点，而思想家总是热衷指出道德制高点底下的陷阱。所以煽动家总是在话语的盛宴中觥筹交错，而思想家则总是在惴惴不安地担心谁来为这场盛宴埋单。”

有人的地方就有江湖，有江湖的地方就有酒壶，但是为酒壶埋单的绝不会是庄家，糊涂虫才是最后的牺牲品。他们，或许正是那些“不明真相”的散户。

每一个政客都能看到微博的力量，但只有伟大的政治家才能驾驭它的力量。无论你是虎视眈眈还是暗流涌动，只要大智慧的人看到并运用其中的正能量，那么这股能量一定会为社会造福。

至于它是否会造成生灵涂炭，依我看，绝无可能。

经历过无数浩劫的中国，有一种天然的凝聚力，那就是每临家国危难之际，爱国情结就会突然爆发，民族大义也会随时集结，这一点，无需怀疑。目前紧要肃正的是，尽快消解内部不稳定因素，只要拆迁、城管、腐败等突出的民生问题解决好了，这来之不易的强盛时代将不仅仅是造福华夏。

所幸的是，目前我们可以看到，我们的政府层面已经开始从马斯洛的人本哲学角度，看待国民在解决温饱问题之后，对“尊重”和“自我实现”的多元化需求。政府正在调整，正在跟上时代，正在重视创新，正在以微博的方式了解民生，他们的每一步调整都是中国的大幸。

只要我们的人民内部矛盾没有大于敌我矛盾，那么微博的力量，就一定会促进中国更加快速地迈向中华民族的鼎盛时代。

事关文明

文明的基石可能就是信用。

中国最近一段时间之所以出现各种各样唯利是图、祸害民生的事情，大抵是因为信用体系的紊乱。这其中的主要原因，是全面迁徙所导致的信用链断裂。

早前，我们在农耕时代的时候，一个村庄的“乡亲们”祖祖辈辈都住在一起、吃在一起、劳作在一起。那时候，某人要是干了坏事，那他首先要想到的是祖坟会不会被人挖了，会不会丢了祖宗的脸，那时候的惩罚链条是跟整个家族捆绑在一起的，甚至会累及子子孙孙。

但商业社会开始以后，大批的农民工进城，大批的知识分子下海，大批的有识之士出门经商，**迁徙型社会开始形成**，也就是说，一夜之间，举国上下南来北往各谋其利，居无定所了。

无定，是信用链条断裂的根本。比如说我开车，在北京违反交通规则，我就会被摄像头拍下，然后罚款，于是我就尽量控制自己不去犯规。但如果我开车出了北京城，在异地驾驶，那么，我可能就会超速或者违章，因为你罚不到我，因为你的交警监督系统没有实现全国联网——**监督链条断裂了**。

假如我是个流动商户，我今天在深圳骗钱了，得手后我离开深圳，换个地方，谁也不认识我，我还可以继续使用老套路，继续玩一票，反正没人认识，得手后我再换地方。

凡此种种，都是“监督链条断裂”而导致的“信用链条断裂”，其主因是，信用比起利益来，它根本一文不值。我君子爱财，我取之无道，你能奈我何？

这个“无道”，确实让很多人甚至执法机关都无可奈何。

但现在好了，微博来了，监督链条开始形成。现

在，虽然只有一两亿人在玩微博，但相信过不了多久，所有社会上流动的人，都会在微博上开一个账号——一个个独立的监督节点和信用节点将会在未来两年内迅速形成。这个链条一旦形成，那么早前“断裂的信用危机”便会得到来自民间的自然肃正。你不敢再继续行骗，你不敢再轻易犯规，你不敢再随便胡来，因为，你身边的任何一个人都可能成为监督你个体信用的“天眼”，他们一定会在微博上揭露你、寻找你、惩罚你。

微博，我在现场，我做见证，我是当事人。

当这样一个个的信用节点形成以后，一个完整的社会信用体系就会在微博上建构出来——你不敢骗了，不敢坏了，不敢随便欺负人了，因为微博上，一双眼睛链接着另一双眼睛，就算是逃到国外，这些眼睛的链条还是相连的，还是打通的。你逃不掉。

最近一段时间，在微博上破获的各种拐卖事件，各种诈骗事件、各种违规事件，大多数都是因为被“有证有据”地曝光出来才得以正法的。比如中石化的天价酒事件、拆迁事件、食品安全类事件、假药类事件、欺诈性团购事件、地沟油事件、添加剂类事件，等等。你无处躲藏，只要你敢犯坏，微博将毫不留情地曝光你。

一个庞大的社会，一旦建构起落脚于民间各个环节的“督察”机制，那么这个社会的文明建设必将无须强制地走向“自觉”，因为最起码，人人都有羞耻心。

羞耻，是人类文明的源动力。我相信，微博之下，文明正在大踏步前进。

事关文化

说到这个话题，我想开个玩笑，我预料未来的诺贝尔文学奖可能就诞生在微博上，我在2009年的微博上，就曾开过这个玩笑。但我想，为什么不可能？有什么不可以？

微博对文化的改变，可能是从140字的局限开始的，这种字数上的粗暴约束，正在促使人们使用更简洁的言语来表述和对话，一开始，大家都是不适应的、批判的、质疑的、恼火的，但慢慢地，大家都开始适应这个约束。**这种“简述”的习惯养成，一定会派生出全新的文化族群并由此诞生全新的表述文体。**

古代历史中，印刷业还没有形成之前，写字也一样是辛苦的，是高成本的。比如说竹简的制约性，应该是人们精简书面语言的核心要素。因为我想，那时候人的口语，也未必是“之乎者也，子曰诗云”的，那时候的人们在聊天时也跟我们今天一样唠叨。但落实到竹简上，就必须考虑成本了。因此，他们才慢慢形成了中国文明的标志性文化——言简意赅的文言文。

○ 微博的字数强制，也一定会催生出新的语言系统，目前，这个新语法已经开始萌芽，有一些网络语言也开始变得“言简意赅”了，比如说“攻”啊“受”的，比如说“坑爹”、“萌”、“给力”、“神马”以及文字加表情加数字加字母的新杂交文体，甚至新的文字结构也正在网络智慧的制造中。

造字、造词、造句，可能都还不是催生新文化的根本。最最要命的是“出版权”的全面回归，早期垄断的“先加工后出版”的可控模式正在被“先出版后加工”的去蔽模式取代，这个事情的意义自然非同小

可。它已经让每一个人都拥有了成为作家和记者的可能性。

这才是新文化的大变革，它或许就将造就千古奇文或者千古奇才。

事关商业

记得在中国首届微博大会上，有嘉宾问我，微博能不能派生新的商业，我毫不犹豫地回答：能。

大家都已经看到，每一次互联网变革，都会造就一个全新的商业形态，并因此造就一大批企业巨子。比如聊天室时代、门户时代、BBS时代、SNS时代、B2C、B2B、C2C等，造就了多少IT富豪啊。

微博也一样，投资大家薛蛮子就曾对很多年轻人说过，抓住这次互联网难得一见的大潮，它会把沉在海底的船都翻上来。

如果以微博为平台，它毫无疑问地会因此出现新搜索平台、新电商平台、新流通平台、新APP，等等。这个平台已经成就了一批人，还有更多的人在洞察它所带来的商业可能性——它也许会就此形成全新的商业文明。借微博来造就几个商业巨头已经不是寓言，而是事实了。

最起码的一点，微博来临，为实现家庭型创业铺平了所有的道路，只要你不懒惰，即使躺在家里，一样可以实现创业，也就是说，微博让你拥有了躺在床上做生意的可能性——你可以躺着睡着把钱赚了。家庭型创业，已经完全具备了平台基础。

我想，如果你实在讨厌了堵车，不想把半条命都耗费在拥堵上，那就不妨放弃上班，回家创业，做自己的小电商，在网上卖你想卖而百姓需求也不小的东西，我敢肯定你照样能养活你自己，这样的事业说不定还能诞生出几个像样的大企业家。

自主创业，在微博平台上，你只要考虑三点：让你的购买者更懒，让他更爽，或者不妨让他更壮。凡经营这三种的，就不愁卖不掉你的商品，中国别的东西可能不多，但消费者群体起码还是全世界最多的，不愁卖。

这也就是说，**微博上，不分年龄，不分老幼，谁都有成为新时代企业家的可能。**如果说某天在微博上出现 10 多岁的少年版电商企业家，请不要震惊，因为微博没有经商门槛，会打字会算账就行。还有就是，如果某天微博上突然冒出个 80 岁的创业者，你也一样要保持镇静，这样的事情随时都可能发生。

玩微博，做生意，谁都能。

事关民生

事关民生的事情还要不要多写呢？

连四川瓜农都知道借微博来卖西瓜了，还有什么事情不可能？

那么多平安系的人马都在微博上关注民生呢，拆迁的事情一定会有交代，城管胡乱执法的事情也一样会有交代的。

其后就是就业问题了。微博上天天都有人在招聘，而且正因为微博的到来而形成了新的职业种类——“微博管理员”。还有，从“随手拍解救大龄女青年”这个现象上看，微博上找老婆、求老公的民生话题也已经达成气候了。

而关乎教育这块，微博大略可以成为大学的延伸——更多的社会知识可以取道于微博，那么多的名流专家都在微博上传道授业解惑呢。尤其是游走在其

间的大量企业家和投资家，他们把各自的人生经验、创业体会、投资感悟都发布在微博上，只要你想学，他们都会说的。

至于涉及政策面的，上至中央，下至地方，哪个部门不在微博上听取民意，调整策略？

虽然短时间内或许看不到巨大变化，但是，这个变化已经开始了。

事关你我

其实，上面所说的一大通，都是“事关你我”的。

而真正的“事关你我”的核心点，就在一个“关”字。

微博是什么？社交媒体？那么，什么是社交？社交这个词，能不能直接用“发生关系”来明确化呢？

如果能，那么“关系”这个词，你就得把它上升到“命运”的高度。

在微博上，你期待跟谁“发生关系”？跟什么事“发生关系”？如何“发生关系”？“发生”什么样的“关系”？

你会因为微博而找到知己。

你会因为微博而找到事业。

你会因为微博而找到伴侣。

你会因为微博而找到投资。

你会因为微博而找到理想。

你会因为微博而找到未来。

微博，一定可以改变你想改变的，只要你愿意，只要你努力。

微博是不是衰退了？

有人问我，微博是不是衰退了？我说不是，我说它已经走到了最正常、最健康的“平台期”。就跟飞机一样，刚刚起飞的时候一定是大推力爬升的，一直要往上冲，冲到10 000米高空，然后再拉平，平行飞行才是飞机行走的正常状态，然后才是“降落”。

微博也一样，用了三年多的时间拉升，一直拉到五亿网民这个高度，然后，就应该回归正常，平行发展了。而这个平飞，是要飞出那么一段时间的，或许，还要飞十年才会降落吧。

中国PC端的网民是多少？极限数值是六亿。然后就会开始转移重心到移动网络端，也就是智能手机端。那么智能手机用户的极限数是多少？我个人预测是十亿用户左右。这也就是说，**PC端向智能端过度的时机恰恰会造就微博发展的良机。**

我的意思是，微博还有第二春，2014年开始，当大量农村地区的用户被智能端激活到互联网上来时，微博用户的总量增长还会有一个很好的爆发期，这个爆发期可能要三年。我的预测是，到2017年，微博用户总数将可能达到八亿左右的用户集群。那时候，才是微博最大的高潮。而此前的所有“大事件”都只是微博高潮的预演，是前戏。

未来的微博会是什么样子

大变化可能没有，它依然还是一个社交平台、一个社交化的商务平台、一个社交化的民生共建平台，没有其他更凶狠的了。

但是，正是基于“社交”的自身力量，它真正的“凶狠”之处会更加明显。

社交，是一种道德遴选，是共鸣者之间的一种文化对接，而这个对接不同于现实生活中的“私交化”模型。**微博社交是公共化的，是会主动参考“公评”的**——大家的人格评论会对个体社交产生重要参考。由这一细微的社交变化所延伸出来的社会结构可能会更健康、更文明。如果一个人的为人处事在微博上得不到好评，他的社交圈子就会越来越小。虽然看起来这只是人际社交的一次微调，但正是基于这种微调的进化，自然人的整体信用就会自动拉升，而这种拉升是社会性的，是整体性的，是普遍拉升的一种状态，因此，这是文明的一种暗推动。

其次，由于微博社交的链式结构逐渐完整，并且是跨县、跨省、跨区域的社交结构，因此社会机理的整体信用也会拉升。链式社交其实是一种链式监督，当整个社会的链式监督完善以后，整体的社会文明无疑会大幅度升高，这是我最近欣然看到的现象，对此我还有更高的期待。

未来的商业生态会是什么样子

社交关系约等于商业关系。因此，在互联网悍然打破空间、瓦解时间之后，我们的商业生态一定会遭遇巨大变革。

其实这个事关商业生态的变革已经开始。最近大家都知道沃尔玛在不断关闭店面，在同一时间里，天猫“光棍节”的销量比去年再翻了一小番——350多亿。在王健林和马云的赌局还在继续的时候，马云这个“野蛮人”又凶悍地开发出一个叫“来往”的东东！

在微博和微信都意气风发的时候，我们千万不能忽略马云开发的这个东西，这个东西又将改变商业上的一些生态。

比如由微博和微信所配合发力的电子商务正在颠覆“渠道为王”的商

业模式，许多临街铺面都因此倒闭，无数大型购物中心都开始举步维艰，传统渠道如同传统媒体一样正在加速死亡，而在新型的电子商务还不知道谁能赚钱的时候，移动电子商务又将到来。

如今的商业中心购买模式已经发生变化，地面渠道的商业模式已经式微，很多企业都在寻求更新的不再依赖于地面渠道的模式来建构全新的“**碎片化商业脉络**”，而国美、苏宁这类传统渠道巨头也正在缩减他们的地面渠道的建构，三年以前，他们以高速开店为商业扩展的根本，现如今，他们正在转战互联网，并企图开发更新的网络巨头模式，目前看，他们还没有找到捷径。

微博，让传统媒体无所适从；微信，让传统运营商运营无所适从；天猫，让传统渠道无所适从；支付宝，让传统银行无所适从；来往，又将让什么无所适从？

移动互联网已经悍然来临。很多人还没准备好，而其他人已经摩拳擦掌跃跃欲试了。

2013 年，我们正在面对商业模式更新的各种纠结，在这个时间点去创业无疑会危机重重，但如果在大好的三中全会政策的鼓励面前不去创业，也无疑是错过了人生难见的“大好时机”。

那么，下一个商业高潮究竟是什么，未来的商业模式生态到底会是个什么样子呢？

我个人感觉，三中全会开完以后，七个大潮必将到来：

◯ 1. 疯狂席卷的创业大潮；2. 无所不在的移动互联网发展大潮；3. 不确定的互联网金融大潮；4. 必须跟上的老龄化服务业大潮；5. 即将爆发的农村电商大潮；6. 幸福的二胎大潮；7. 科技临界点的创新大潮。

未来的商业生态，将会具有以下特点：

未来的商业生态是碎片化的。当传统商业渠道濒临死亡的时候，另一种渠道将会诞生——由微博、微信所牵动的 O2O 商业新生代——基于社区连锁商店的“碎渠道时代”必将到来。这个商业生态将会以小为美——社区化、小面积、人员少、带物流的连锁小商铺将会进入我们的生活。这个生态的产生是因为微博、微信的短信息模式把我们的生活半径进一步缩短，能不走远路的就不走远路了，能在小区之内搞定的就不必去问候商业购物中心了。未来的渠道模型应该是“碎渠道”结构的小店铺模型——微型化、社区化、近景化——离生活区越近越好、离消费者越近越好。未来，城市人类的生活半径会越来越短，1 公里的生活半径可能是他们的最理想的距离；超过 1 公里，他们就会在时间上、空间上、便捷上产生心理障碍。

未来的商业生态可能会迎来“屌丝投资屌丝的时代”。移动互联网的进一步爆发或将催生新型互联网金融——近似众筹模式的新型的商务融资渠道将会形成，也就是“屌丝投资屌丝的时代或将到来”。这无疑会带动更多的网民去创业。

当雷军的小米，以接近众筹的模式造就了一个手机品类销售神话的时候，郭敬明也不甘落后，他对他的粉丝的套利模式是以《小时代》的名义进行了一次集中收取的。

这个时候，如果我们还不去思考“粉丝经济学”，那么，你将来就仅仅是这个世界各种奇迹的旁观者而不是缔造者。

重视你的粉丝，他们会造就属于你自己的“粉丝经济学”。

未来的商业生态中，每个人都是创业者，每个人都有一个自己的网店。到那时，“来往”的威力将会凸显，这个凸显可能会让“营销”这一职业走向消失。来往的玩法跟微信相似，强关系结构、圈子化、分享模型。正是基于这个产品的受众特色（人人都是小店家），因此，每个人对另一个人的“来往”的拜访都可能是一次购物行为。

由此，来往所催生的网络购物将不再是“交易性质”而是“社交性质”。换句话说，在网络上，我买东西将不再是“买方心态”而是“邻居心态”，是串门式购物。社交化网络对商业生态最大的篡改，是将商品家居化。购物，只是去你家串门的一个“捎带行为”。在人人都是小店主的时代，生活关怀将直接取代营销——每一个“来往”上的用户都可能成为另一个“来往”用户的“虚拟生活秘书”，当你家缺什么商品的时候，它会比你自己更了解你的家庭生活，它知道你的厨房里的大米和食用油已经接近用完了！

未来的商业生态，一定是“去中心化”的。你如果继续依赖“城市购物中心”来支撑自己的商业体系，那一定是危险的，城市商业广场正在走向衰减。更多的购买者正在大面积迁徙到网络购物当中，微博，成了他们购买物品的重要通道。

中国网站很多，但互联网的核心入口无非四个——百度、腾讯、阿里、新浪。经由这四大入口，亿万网友们涌向不同的网络平台，去寻找自己的兴趣和欢乐。因此，网络生活的导流，会直接派生新型的

商业生态，这个生态的核心，可能会指向这样的模式——**去中心化、社区化、碎片化、智能化、宅生活、短购物。**

是的，短购物或将是未来商务生活的主调。

那么，什么是短购物？

我的解释是：时间短、空间短，最好不用出门就完成，要出门也只是在小区之内，或者换句话说，我们顶多会在两公里之内实现需求兑换。

今后，我们没有太多的时间浪费在购物这件事上。如果我们有更多的事情要做，那么，请允许我在马桶上通过手机就能实现购买吧，剩下的是，我买了，你送来。

未来，基于网络时间和地面交通的进一步提速，空间障碍会进一步瓦解。据说美国人正在研发一种叫"胶囊"的交通工具，它的最高时速可以达到6 000公里，如果这个工具在十年内可以实现，那么我想，房价会突然被摧毁的——我不再需要在城市中心买房了，房价这么高还有雾霾，我不如选择回到家乡购买房子，然后坐"胶囊"去上班，30分钟就可以完成由单位到家乡的一个来回，这多可怕呀！

如果再加上谷歌眼镜、三星智能这类科技的进一步发展，智能购物、声控支付、语音购买一旦实现，那么整个中国的三四线城市的商务就会全面激活。如果这个激活不再是假定模式，那么中国经济的第二次腾飞就会迫在眉睫。

如果这一天快速到来，微博上又将是怎样一幅景象呢？

不知道。

湛庐，与思想有关……

如何阅读商业图书

商业图书与其他类型的图书，由于阅读目的和方式的不同，因此有其特定的阅读原则和阅读方法，先从一本书开始尝试，再熟练应用。

阅读原则1 二八原则

对商业图书来说，80%的精华价值可能仅占20%的页码。要根据自己的阅读能力，进行阅读时间的分配。

阅读原则2 集中优势精力原则

在一个特定的时间段内，集中突破20%的精华内容。也可以在一个时间段内，集中攻克一个主题的阅读。

阅读原则3 递进原则

高效率的阅读并不一定要按照页码顺序展开，可以挑选自己感兴趣的部分阅读，再从兴趣点扩展到其他部分。阅读商业图书切忌贪多，从一个小主题开始，先培养自己的阅读能力，了解文字风格、观点阐述以及案例描述的方法，目的在于对方法的掌握，这才是最重要的。

阅读原则4 好为人师原则

在朋友圈中主导、控制话题，引导话题向自己设计的方向去发展，可以让读书收获更加扎实、实用、有效。

阅读方法与阅读习惯的养成

（1）回想。阅读商业图书常常不会一口气读完，第二次拿起书时，至少用15分钟回想上次阅读的内容，不要翻看，实在想不起来再翻看。严格训练自己，一定要回想，坚持50次，会逐渐养成习惯。

（2）做笔记。不要试图让笔记具有很强的逻辑性和系统性，不需要有深刻的见解和思想，只要是文字，就是对大脑的锻炼。在空白处多写多画，随笔、符号、涂色、书签、便签、折页，甚至拆书都可以。

（3）读后感和PPT。坚持写读后感可以大幅度提高阅读能力，做PPT可以提高逻辑分析能力。从写读后感开始，写上5篇以后，再尝试做PPT。连续做上5个PPT，再重复写三次读后感。如此坚持，阅读能力将会大幅度提高。

（4）思想的超越。要养成上述阅读习惯，通常需要6个月的严格训练，至少完成4本书的阅读。你会慢慢发现，自己的思想开始跳脱出来，开始有了超越作者的感觉。比拟作者、超越作者、试图凌驾于作者之上思考问题，是阅读能力提高的必然结果。

好的方法其实很简单，难就难在执行。需要毅力、执著、长期的坚持，从而养成习惯。用心学习，就会得到心的改变、思想的改变。阅读，与思想有关。

[特别感谢：营销及销售行为专家 孙路弘 智慧支持！]

我们出版的所有图书，封底和前勒口都有“湛庐文化”的标志

并归于两个品牌

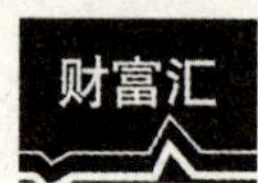

找“小红帽”

为了便于读者在浩如烟海的书架陈列中清楚地找到湛庐，我们在每本图书的封面左上角，以及书脊上部 47mm 处，以红色作为标记——称之为**“小红帽”**。同时，封面左上角标记**“湛庐文化 Slogan”**，书脊上标记**“湛庐文化 Logo”**，且下方标注图书所属品牌。

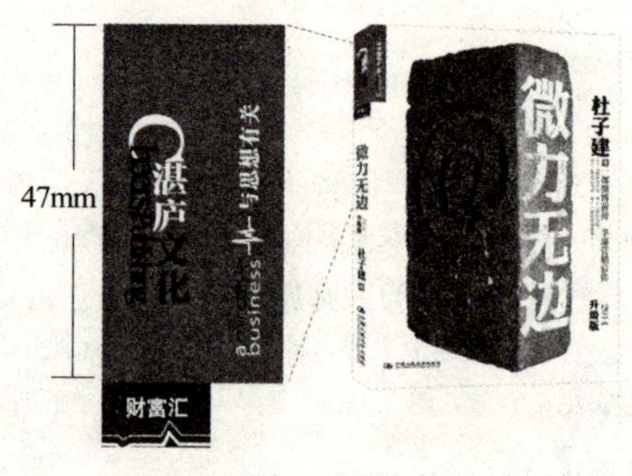

湛庐文化主力打造两个品牌：**财富汇**，致力于为商界人士提供国内外优秀的经济管理类图书；**心视界**，旨在通过心理学大师、心灵导师的专业指导为读者提供改善生活和心境的通路。

阅读的最大成本

读者在选购图书的时候，往往把成本支出的焦点放在书价上，其实不然。

时间才是读者付出的最大阅读成本。

阅读的时间成本=选择花费的时间+阅读花费的时间+误读浪费的时间

湛庐希望成为一个“与思想有关”的组织，成为中国与世界思想交汇的聚集地。通过我们的工作和努力，潜移默化地改变中国人、商业组织的思维方式，与世界先进的理念接轨，帮助国内的企业和经理人，融入世界，这是我们的使命和价值。

我们知道，这项工作就像跑马拉松，是极其漫长和艰苦的。但是我们有决心和毅力去不断推动，在朝着我们目标前进的道路上，所有人都是同行者和推动者。希望更多的专家、学者、读者一起来加入我们的队伍，在当下改变未来。

湛庐文化2008-2012年获奖书目

《正能量》
《新智囊》2012年经管类十大图书，京东2012好书榜年度新书。
35年职业经理人养成心得，写给有追求的职场人。
聆听总裁的职场故事，发掘自己与生俱来的正能量。

《牛奶可乐经济学》
国家图书馆“第四届文津奖”十本获奖图书之一，唯一获奖的商业类图书。
搜狐、《第一财经日报》2008年十本最佳商业图书。
用经济学的眼光看待生活和工作，体验作为“经济学家”的美妙之处。

《清单革命》
《中国图书商报》商业类十大好书。
全球思想家正在读的20本书之一。
一场应对复杂世界的观念变革，一部捍卫安全与正确的实践宣言。

《大而不倒》
《金融时报》·高盛2010年度最佳商业图书入选作品。
美国《外交政策》杂志评选的全球思想家正在阅读的20本书之一。
蓝狮子·新浪2010年度十大最佳商业图书，《智囊悦读》2010年度十大最具价值经管图书。
一部金融界的《2012》，一部丹·布朗式的鸿篇巨制。

《金融之王》
《金融时报》·高盛2010年度最佳商业图书。
蓝狮子2011年度十大最佳商业图书，《第一财经日报》2011年度十大金融投资书籍。
一部优美的人物传记，一部独特视角的经济金融史。

《快乐竞争力》
蓝狮子2012年度十大最佳商业图书。
赢得优势的7个积极心理学法则，全美10大幸福企业“幸福感”培训专用书。

《大客户销售》
蓝狮子·新营销2012最佳营销商业图书。
著名营销及销售行为专家孙路弘最新作品，一本提升大客户销售能力的实战秘笈。

《自营销》
百道网2013年度潜力新书。
全球最具创意广告公司CP+B掌门人的洞见之作，让好产品和好营销同唱一首歌。

《认知盈余》
2011年度和讯华文财经图书大奖。
看“互联网革命最伟大的思考者”克莱·舍基如何开启无组织的时间力量。
看自由时间如何成就“有闲”世界，如何引领“有闲”经济与“有闲”商业的未来。

《爆发》
百道网2013年度潜力新书。
大数据时代预见未来的新思维，颠覆《黑天鹅》的惊世之作，揭开人类行为背后隐藏的模式。

《微力无边》
2011年度和讯华文财经图书大奖“最佳装帧设计奖”。
中国最早的社会化媒体营销研究者杜子建首部作品，一部微博前传，半部营销后传。

《神话的力量》
《心理月刊》2011年度最佳图书奖。
在诸神与英雄的世界中发现自我，当代神话学大师约瑟夫·坎贝尔毕生精髓之作。

《真实的幸福》
《职场》2010年度最具阅读价值的10本职场书籍。
积极心理学之父马丁·塞利格曼扛鼎之作。
哈佛最吸引人、最受欢迎的幸福课。

延伸阅读

《大数据时代：生活、工作与思维的大变革》

◎ "大数据时代的预言家"维克托·迈尔·舍恩伯格力作。

◎ 迄今为止全世界最好的一本大数据专著。

◎ 国外大数据系统研究的先河之作，一场生活、工作与思维的大变革。

《决胜移动终端：移动互联时代影响消费者决策的6大关键》

◎ 传统零售商拥抱移动互联网的先行者经验，第一本真正阐释O2O实践的移动互联必读之作。

◎ 美国知名智库移动未来研究院CEO查克·马丁最新力作。

◎ 中国移动研究院院长黄晓庆，阿里巴巴副总裁车品觉鼎力推荐。

《信任代理》

◎ 社会化媒体爱好者必读的10本书之一。

◎ 前通用汽车CEO弗里茨·亨德森，硅谷创意大师盖伊·川崎鼎力推荐。

◎ 一度打败了著名的《长尾理论》和《蓝海战略》，位列《纽约时报》畅销书排行榜。

《人人时代：无组织的组织力量》

◎ 克莱·舍基经典著作。

◎ 21世纪最有价值的未来读本。

◎ 获选《商业周刊》最佳商业书籍。